W0175705

Manipulations-techniken

Erkennen und abwehren

Dr. Andreas Edmüller
Dr. Thomas Wilhelm

3. Auflage

Bibliografische Information der Deutschen Bibliothek
Die Deutsche Bibliothek verzeichnet diese Publikation in der Deutschen
Nationalbibliografie; detaillierte bibliografische Daten sind im Internet
über http://dnb.ddb.de abrufbar.

ISBN 3-448-04963-8
Bestell-Nr. 00692-0003

1. Auflage 1999 (ISBN 3-86027-252-7)
2., durchgesehene Auflage 2001 (ISBN 3-86027-400-7)
3., durchgesehene Auflage 2002

© 2002, Rudolf Haufe Verlag GmbH & Co. KG,
Niederlassung Planegg b. München
Postanschrift: Postfach, 82142 Planegg
Hausanschrift: Fraunhoferstraße 5, 82152 Planegg
Fon (0 89) 8 95 17-0, Fax (0 89) 8 95 17-2 50
E-Mail: online@haufe.de
Internet: www.haufe.de
Lektorat: Dr. Ilonka Kunow, Gisela Fichtl
Redaktion: Sylvia Rein

Satz + Layout: Satz + Layout: WerbeAgentur S6 GmbH, 82166 Gräfelfing
Umschlaggestaltung: Agentur Buttgereit & Heidenreich, 45721 Haltern am See
Druck: freiburger graphische betriebe, 79108 Freiburg

Zur Herstellung der Bücher wird nur alterungsbeständiges Papier verwendet.

TaschenGuides – alles, was Sie wissen müssen

Für alle, die wenig Zeit haben und erfahren wollen, worauf es ankommt. Für Einsteiger und für Profis, die ihre Kenntnisse rasch auffrischen wollen.

Sie sparen Zeit und können das Wissen effizient umsetzen:

Kompetente Autoren erklären jedes Thema aktuell, leicht verständlich und praxisnah.

In der Gliederung finden Sie die wichtigsten Fragen und Probleme aus der Praxis.

Das übersichtliche Layout ermöglicht es Ihnen sich rasch zu orientieren.

Anleitungen „Schritt für Schritt", Checklisten und hilfreiche Tipps bieten Ihnen das nötige Werkzeug für Ihre Arbeit.

Als Schnelleinstieg die geeignete Arbeitsbasis für Gruppen in Organisationen und Betrieben.

Ihre Meinung interessiert uns! Mailen Sie einfach unter online@haufe.de an die TaschenGuide-Redaktion. Wir freuen uns auf Ihre Anregungen.

Inhalt

Vorwort

Wenn Sie Menschen danach fragen, was ihnen in der Kommunikation mit anderen wichtig ist, worauf sie besonderen Wert legen, dann erhalten Sie häufig Begriffe zur Antwort wie Vertrauen, Ehrlichkeit, Glaubwürdigkeit, Offenheit oder Toleranz.

Im Alltag, nicht zuletzt auch im Berufsalltag, erleben wir jedoch oft das genaue Gegenteil. Und zwar meistens dann, wenn es darum geht, den eigenen Standpunkt oder die eigenen Interessen durchzusetzen. Nicht selten ist dann das letzte Mittel, zu dem man greift, Manipulation.

In diesem TaschenGuide erfahren Sie, welche Arten von Manipulation Ihnen begegnen können und mit welchen Methoden Sie sich elegant davor schützen, wie Sie in emotional belasteten Situationen die Gesprächsinitiative behalten und Ihre Interessen wahren und wie Sie klassische Argumentationstaktiken und Scheinargumente wirkungsvoll abwehren. So können Sie Gespräche, egal ob in der Gruppe oder unter vier Augen, lösungsbezogen und sachlich gestalten. Und Sie haben es selbst in der Hand, eine Atmosphäre von Vertrauen, Ehrlichkeit, Glaubwürdigkeit, Offenheit und Toleranz zu schaffen.

Dr. Andreas Edmüller, Dr. Thomas Wilhelm

Was ist Manipulation?

> Je mehr Schwäche, je mehr Lüge.
> Die Kraft geht gerade.
> *Jean Paul*

Warum gelingt es manchen Menschen immer wieder, andere zu etwas zu bringen, was diese eigentlich gar nicht wollen? Warum übernehmen wir Standpunkte und Argumente, obwohl wir deutlich spüren, daß wir gerade etwas gegen unseren Willen und gegen unsere Interessen tun? Die Antwort: Wir werden manipuliert. Häufig wird so geschickt manipuliert, daß der Manipulierte gar nicht merkt, wie ihm geschieht.

Wie oft akzeptieren wir Meinungen oder lassen uns auf Positionen festlegen, die wir eigentlich nicht vertreten möchten? Wir lassen uns überrumpeln und geben den eigenen Standpunkt wider besseres Wissen auf. Dies kann überall passieren, wo Menschen miteinander reden: in Diskussionen, in Verhandlungen, in Konflikt- oder Kritikgesprächen oder in Gesprächen mit Freunden.

Doch wie reagieren? – Meist wenden wir die typischen Verhaltensmuster gegen Manipulationsversuche an: Wir schlagen zurück und versuchen ebenfalls zu manipulieren oder wir ergreifen die Flucht, lassen uns einschüchtern und geben uns geschlagen.

Wer manipulieren will, hat viele Möglichkeiten, seine Ziele und Absichten zu verwirklichen. Hier nur ein paar Beispiele:

Beispiele

Der Manipulator schmeichelt: „Frau Müller, erst gestern habe ich noch zu Herrn Meier gesagt, wie froh wir sein dürfen, Sie in unserem Haus zu haben. Um so weniger verstehe ich im Moment ..."

Er droht: „Überlegen Sie sich gut, ob Sie sich wirklich weiter auf diese Weise verhalten wollen. Wir haben nämlich auch andere Möglichkeiten, um ..."

Er macht Zugeständnisse auf persönlicher Ebene, um auf sachlicher Ebene ein Entgegenkommen zu erringen: „Wissen Sie was, ich habe eine Idee: Ich werde mich um eine Lösung für Ihr kleines familiäres Problem bemühen, und wir lassen die andere Sache auf sich beruhen ..."

Er erzeugt Zeitdruck: „Ich bitte Sie, es möglichst kurz zu machen, in 10 Minuten habe ich noch einen sehr wichtigen Termin ..."

Wir könnten diese Liste von Manipulationsmöglichkeiten mühelos fortsetzen. Eine solche Liste würde uns zeigen, was alles Manipulation ist. Doch sie würde nicht nur das gesamte Buch füllen, man könnte sich eine so lange Liste auch gar nicht einprägen. Wichtiger ist, Manipulation zu erkennen, egal in welchem Gewand sie auftritt.

So kann Manipulation definiert werden

Wir verstehen unter Manipulation den *bewußten* oder *unbewußten* Einsatz unfairer Verhaltensweisen.
In allen Arten von Kommunikationssituationen kann manipuliert werden, zum Beispiel im Rahmen

- einer Verhandlung zur Konfliktlösung,
- eines Informationsgespräches,
- eines Kritikgespräches,
- einer Besprechung,
- einer Entscheidungsfindung in einem Workshop,
- einer Diskussion unter Freunden,
- eines Mitarbeitergesprächs zur Leistungsbeurteilung usw.

Warum beziehen wir in unsere Definition auch unbewußte Verhaltensweisen mit ein? – Manipulation setzt nicht immer die bewußte Anwendung einer klugen Taktik voraus. Oft ist uns selbst nicht klar, daß wir manipulieren. Mitleid zu heischen und in Tränen auszubrechen, können Manipulationsversuche sein, ohne daß der Manipulator sie bewußt einsetzt. Natürlich möchte er etwas erreichen, aber nicht immer entscheidet er sich *gezielt* für das Manipulationsmittel, durch das er sein Ziel erreichen kann. Nicht selten unterlaufen uns auch Argumentationsfehler, durch die wir den anderen manipulieren, ohne daß uns klar ist, daß wir im Grunde Scheinargumente benutzen und unseren Gesprächspartner auf unfaire Art beeinflussen. Wir werden Ihnen im zweiten Teil dieses TaschenGuides eine Vielzahl von Überredungstaktiken und Pseudoargumenten vorstellen, zu denen wir manchmal unabsichtlich und ohne Kalkül greifen.

Welche Verhaltensweisen sind unfair?

Meist können wir intuitiv sehr gut einschätzen, welches Verhalten unfair ist und welches nicht. Doch sollten wir uns ruhig einmal bewußt machen, was als fair gelten darf. Fairneß heißt, daß jeder Beteiligte ein Recht darauf hat, seine eigenen Interessen zu wahren und andere Standpunkte nur aus freiwilliger Einsicht zu übernehmen. Demnach verhalte ich mich unfair, wenn ich meinen Gesprächspartner in seinem Recht beschneide, seine Interessen zu vertreten und wenn ich ihm Standpunkte aufdrücke, die er nicht freiwillig akzeptiert.

Mit dieser Definition im Hintergrund können wir salopp formulieren: Der Manipulator möchte mit unfairen Mitteln etwas erreichen.

Wie sollte man mit Manipulation umgehen?

Drohen, schwindeln, nicht verstehen wollen, Informationen zurückhalten, blockieren, ausweichen, verzetteln, verwässern, Scheinargumente einsetzen, die Person angreifen, erpressen, schmeicheln – das sind nur einige von sehr vielen Arten zu manipulieren. Diese Aufzählung macht uns jedoch schon auf zwei zentrale Probleme im Umgang mit Manipulation aufmerksam:

- Man kann nicht alle Techniken erfassen und sich für jede Technik eine oder mehrere Gegenmaßnahmen überlegen.

- Man weiß oft nicht genau, was der Manipulator eigentlich bezweckt.

Um diese beiden Probleme in den Griff zu bekommen, haben wir ein System entwickelt, das Sie dabei unterstützen soll, Ordnung in diese unüberschaubare Vielfalt von Manipulationstechniken zu bringen und Ihre Reaktionen der Situation gezielt anzupassen:

1 Technik erkennen und abwehren (Schutz),

2 Strategie des Manipulators erkennen,

3 faire Gegenmaßnahmen durchführen.

Technik erkennen und abwehren (Schutz)

Identifizieren Sie die konkrete Manipulationstechnik, und schützen Sie sich dagegen. Dazu werden wir Ihnen einige wenige einfache und sehr wirkungsvolle Schutztechniken vorstellen, die Sie in vielen Situationen einsetzen können. Ziel ist es, die Manipulationstechnik sofort und elegant zu unterbinden.

Einen Spezialfall bilden die Argumentationstaktiken und Scheinargumente, die wir Ihnen später in diesem Buch vorstellen. Hier ist es wichtig, daß Sie die einzelnen Taktiken identifizieren können, damit Sie gezielt dagegen vorgehen und Schwachstellen in der Argumentation bloßlegen können.

Strategie des Manipulators erkennen

Überlegen Sie, welche Strategie der Manipulator verfolgt. Ein einfaches Einteilungssystem soll Ihnen dabei helfen, eine Manipulationssituation schneller zu durchschauen. Ziel ist zu erkennen, was der Manipulator bezweckt.

Führen Sie Ihre faire Gegenstrategie durch

Ist die manipulatorische Absicht erst einmal durchschaut, kann man auch besser reagieren. Dazu werden wir Ihnen einige einfache und wirkungsvolle Vorgehensweisen anbieten, die in vielen verschiedenen Situationen eingesetzt werden können. Ziel ist, die eigenen Interessen auf faire Art und Weise zu wahren.

Sechs Maximen für den Umgang mit Manipulation

Es gibt einige wichtige Leitlinien, die Sie beim Umgang mit Manipulation beachten sollten.

1   Bleiben Sie sachlich und fair.

Achten Sie auf echte Argumente und wirkliche Begründungen, sowohl dann, wenn Sie selbst argumentieren, als auch dann, wenn Ihr Gesprächspartner die Beweislast trägt und es an ihm ist zu argumentieren.

2   Bleiben Sie ruhig und gelassen.

Natürlich ist dies einfacher gesagt als getan. Doch wenn Sie sich auf ein paar grundlegende Methoden, die wir Ihnen in diesem Buch vorstellen, konzentrieren, wird Ihnen dies leichter fallen.

3   Reagieren Sie nicht kausal, sondern agieren Sie.

Wenn wir manipuliert werden, zeigen wir meistens typische Abwehrreaktionen: Der Manipulator ist unfair oder emotional, folglich werden auch wir unfair oder emotional; oft ergreifen wir aber auch die Flucht und geben nach o. ä. Doch genau auf diese Reaktionen spekuliert der Manipulator – bewußt oder unbewußt. Im Grunde läuft bei einer geglückten Manipulation eine Art Reiz-Reaktionsmechanismus ab. Diesen Mechanismus gilt es zu durchbrechen, um die Gesprächskontrolle zu behalten.

4 Verfolgen Sie beharrlich Ihr Ziel.

Achten Sie darauf, sich nicht die Initiative nehmen zu lassen, verfolgen Sie Ihre Ziele wenn nötig auch mit ein bißchen Hartnäckigkeit. Lassen Sie sich nicht ablenken. Am besten formulieren Sie für sich bereits vor dem Gespräch ein klares Ziel, das Sie immer vor Augen haben können.

5 Konzentrieren Sie sich auf konkrete Verhaltensweisen.

Machen Sie nicht den Fehler, das Verhalten, das Sie beobachten, als Verhalten eines bestimmten Personentyps zu deuten à la „Der ist halt ein schwieriger Mensch", „Die ist eben eine Mimose". Mit solchen Typisierungen und Vorurteilen im Hinterkopf ordnen und filtern Sie bereits alle Ihre Wahrnehmungen; schließlich sehen Sie nur noch Dinge, die Ihnen bestätigen, daß Ihr Gesprächspartner wirklich ein Querulant, eine Mimose usw. ist. Sie laufen in eine Bestätigungsfalle. Dadurch entgehen Ihnen Chancen, Gespräche positiv zu wenden. Achten Sie lieber auf konkrete Verhaltensweisen, und wenn Sie etwas an dieser Verhaltensweise stört, dann äußern Sie es. „Herr Müller Sie haben mir jetzt dreimal hintereinander das Wort abgeschnitten. Ich haben Ihnen die Möglichkeit gegeben ..."

6 Bauen Sie eine goldene Brücke.

Suchen Sie nach Möglichkeiten, wie das Gespräch – selbst nach einem drastischen Manipulationsversuch – wieder einen sachlichen, lösungsbezogenen Verlauf nehmen kann. Bieten Sie Ihrem Gesprächspartner eine solche Möglichkeit an, selbst wenn er sich daneben benommen hat.

Checkliste: Maximen für den Umgang mit Manipulation

1 Sachlich und fair bleiben! Auf eine saubere Argumentation achten.
2 Ruhe und Gelassenheit bewahren! Umgang mit Manipulation ist Nervensache.
3 Nicht kausal reagieren, sondern agieren! Kontrolle über das Gespräch behalten.
4 Beharrlich zum Ziel! Initiative übernehmen.
5 Konzentration auf konkrete Verhaltensweisen! Weg von „Personentypen".
6 Goldene Brücken bauen! Wiedereinstieg in die Zusammenarbeit ermöglichen.

Typische Manipulations-strategien

Wir haben vier Kategorien entwickelt, die Ihnen dabei helfen sollen, Manipulationstechniken auf sinnvolle Weise zu ordnen. Die Ordnung richtet sich nach der Strategie bzw. der Absicht, die der Manipulator verfolgt. Die vier Grundstrategien sind:

- die Blockadestrategie
- die Durchsetzungsstrategie
- Sabotage im Gespräch
- Sabotage nach dem Gespräch

Die Blockadestrategie

Mit der Blockadestrategie möchte der Manipulator verhindern, daß sein Gesprächspartner sein Ziel erreicht. Er möchte in der Regel im Gespräch bleiben, verfolgt darüber hinaus aber kein eigenes Ziel.

Eine Blockade kann defensiv/passiv durchgeführt werden, sie kann aber auch offensiv/aktiv angegangen werden. Hier ein paar Beispiele für diese Vorgehensweisen.

Typische Situationen

Defensiv-passive Vorgehensweisen:

- auf eigenem Standpunkt beharren
- Erklärung verweigern
- Informationen blockieren
- keine Antwort auf Fragen geben
- nicht verstehen wollen
- ausweichen
- sich hinter Scheininteressen verstecken

Beispiel

Frau Müller fühlt sich von Herrn Schulz unhöflich behandelt. Vor allem stören sie beleidigende Äußerungen wie: „Na, Sie sind ja wohl auch nicht die Schnellste." oder „Ich glaube, Ihnen muß man alles zweimal sagen, bis Sie etwas verstehen." Sie sucht das Gespräch mit Herrn Schulz, er zeigt sich prinzipiell gesprächsbereit, aber im Gespräch äußert er immer wieder: „Ich sehe ehrlich gesagt gar nicht, welches Problem Sie haben. Was soll denn an dem, was ich gesagt habe, beleidigend gewesen sein."

Herr Schulz blockiert, indem er vorgibt, das Problem von Frau Müller nicht zu verstehen. Dadurch dreht sich das Gespräch natürlich im Kreis.

Offensiv-aktive Vorgehensweisen:

- ablenken (Nebenkriegsschauplätze eröffnen)
- verzetteln
- absichtlich mißverstehen
- viel reden, nichts sagen: Nebelkerzen werfen
- Scheinargumente vorbringen
- aufbauschen

Beispiel

Herr Kohn möchte mit dem Abteilungsleiter Herrn Mahler über das geplante Prämiensystem sprechen. Er hält es an einigen Stellen für unfair und nicht transparent. Herr Mahler lenkt jedoch geschickt vom Thema ab, indem er Herrn Kohn in ein Gespräch über die neu zu besetzende Stelle in dessen Team verwickelt. Gleichzeitig erzeugt er Zeitdruck, um das Gespräch möglichst schnell zu beenden.

Die Durchsetzungsstrategie

Mit Hilfe der Durchsetzungsstrategie will der Manipulator im Gespräch bleiben und mit allen Mitteln sein Ziel erreichen.

Der Manipulator kann dabei überzeugungsorientiert vorgehen, das heißt, er benutzt Argumentationsfallen, Scheinargumente und Überredungstaktiken. Er kann aber auch eine Durchsetzungsmethode verfolgen, die nicht überzeugungsorientiert ist.

Typische Methoden

Nicht überzeugungsorientierte Vorgehensweisen:

- drohen/lügen/erpressen
- selektiv informieren
- persönlich angreifen
- Emotionen aufschaukeln
- Scheinkonzessionen machen (persönliche Ebene – sachliche Ebene)
- mein letztes Angebot, dann …
- den Gegenstand als nicht verhandelbar abtun

- Zeitdruck erzeugen
- schlechtes Gewissen erzeugen

Beispiel

Max verhandelt mit seinem Vermieter um die Übernahme von Renovierungskosten. Der Vermieter ist nur bereit, einen Betrag in Höhe von 2 000,– Mark zuzuschießen, was die Kosten bei weitem nicht decken würde. Vermieter: „Also ich will Ihnen eines sagen: 2 000 Mark sind mein letztes Wort. Wenn Sie das nicht akzeptieren, dann wird es halt keine Renovierung geben."

Der Vermieter benutzt die „Mein letztes Angebot"-Methode, um auf Max Druck auszuüben und ihn so zum Einlenken zu bewegen.

Überzeugungsorientierte Vorgehensweisen:

- schmeicheln
- auf emotionaler Ebene Zugeständnisse machen, die zu Gegenleistungen auf sachlicher Ebene führen sollen
- an Eitelkeit/Prestige appellieren
- Autorität ausspielen (einschüchtern)
- verunsichern: eigene Lösung als Rettungsanker
- Scheinargumente vorbringen

Beispiel

Herr Karl und Frau Huber führen ein Konfliktgespräch, in dem es um die präzisere Zuteilung von Kompetenzen geht. Herr Karl ist Frau Hubers Vorgesetzter. Herr Karl: „Also, Frau Huber, ich muß sagen, Sie machen eine hervorragende Arbeit, es wird ernsthaft hier im Haus erwogen, Sie bei der nächsten Beförderungsrunde zu berücksichtigen. Gerade von Kundenseite hört man nur Positives. Ich verstehe jetzt nicht ganz, warum Sie diese Frage der Kompetenzen so sehr beschäftigt ..."

Herr Karl versucht durch vage Versprechungen und Schmeicheleien Frau Huber „gefügig" zu machen. Herr Karl spekuliert darauf, daß Frau Huber, von ihrer Position abläßt.

Sabotage im Gespräch

Sabotage im Gespräch bedeutet, daß der Manipulator das Gespräch platzen lassen will, ohne aber die Verantwortung dafür übernehmen zu wollen.

Typische Situationen

- absichtlich mißverstehen
- Beleidigung provozieren
- Abbruch provozieren
- Unterstellungen äußern
- unkooperatives Verhalten praktizieren (nicht ausreden lassen ...)
- lügen
- Tränen fließen lassen
- Gefühlsausbruch als legitime Reaktion deklarieren
- plötzlich einen Termin vortäuschen, den man vergessen hätte
- Gespräch zu schnell führen/beenden
- ein letztes Angebot machen, dann ...
- den Gegenstand als nicht verhandelbar abtun
- Zeitdruck erzeugen
- schlechtes Gewissen erzeugen

- auf eigenem Standpunkt beharren
- Erklärung verweigern
- Informationen blockieren
- keine Antwort auf Fragen geben

Beispiel

Paul hat ein Gespräch mit seinem Teamleiter Peter. Paul glaubt, daß die Verteilung der Teamaufgaben effizienter sein könnte und möchte nun mit Peter darüber sprechen, wie eine solche Aufgabenverteilung angegangen werden könnte.

Peter zu Paul: „Wir werden auf keinen Fall die Arbeit in unserem Team neu verteilen. Da brauchen wir gar nicht zu diskutieren. Ich kann Dir gleich vorab sagen, daß alle deine Versuche, mich vom Gegenteil zu überzeugen, vergebliche Liebesmüh sein werden. Alles bleibt so wie es ist."
Paul: „Aber es gäbe da eine Möglichkeit, wie wir noch ..."

Peter: „Ich will da gar nichts hören, es gibt einfach keinen Spielraum."
Paul: „Aber ..."
Peter: „Nein Paul."

Sabotage nach dem Gespräch

Besonders frustrierend ist es, wenn der Manipulator sich im Gespräch zwar durchaus kooperativ zeigt, nach dem Gespräch aber Sabotage betreibt und die vereinbarten Ergebnisse, Lösungen, Maßnahmen etc. zum Scheitern bringt oder unterläuft.

Typische Vorgehensweisen

- Vereinbarungen uminterpretieren
- Vereinbarungen einfach nicht einhalten

- bei anderen hetzen und intrigieren
- Hindernisse und Blockaden aufbauen

Hier ein Beispiel für eine Sabotage nach dem Gespräch, bei der eine Vereinbarung uminterpretiert wird.

Beispiel

Herr Gerber ist Projektleiter in einem Softwareprojekt. Frau Luck ist die Vorgesetzte und Auftraggeberin von Herrn Gerber. Frau Luck ist unzufrieden mit dem Informationsfluß. In einem Gespräch zu diesem Thema vereinbaren sie, wie sie in Zukunft ihren Informationsaustausch handhaben wollen. Herr Gerber erklärt sich im Gespräch bereit, Frau Luck jede Woche einen Statusbericht zum Projektverlauf vorzulegen.

Frau Luck erhält nun zwar jede Woche einen Bericht, aber die Informationen darin sind so spärlich, daß sie sich wieder kein konkretes Bild vom Projektstand machen kann. Frau Luck fordert von Herrn Gerber eine Erklärung.

Herr Gerber: „Ich bin davon ausgegangen, daß die Informationen möglichst kurz sein sollten, damit Sie sich schnell einen Überblick verschaffen können."

Frau Luck: „Aber diese Informationen sind doch wenig wertvoll."
Herr Gerber: „Dann habe ich Sie möglicherweise falsch verstanden."

Ob jemand nach einem Gespräch Sabotage betreiben wird, ist natürlich nicht leicht zu erkennen. Man sollte aufpassen, nicht vorschnell zu einem Urteil zu kommen. Daher wird man über einen etwas längeren Zeitraum hinweg beobachten müssen, wie sich der Gesprächspartner verhält. Vor allem ist es wichtig, daß Ihre Vereinbarungen so präzise und unmißverständlich wie möglich sind. Vereinbarungen schriftlich zu fixieren kann dabei eine hilfreiche Methode sein.

Beispiel

Frau Luck möchte weiteren Mißverständnissen vorbeugen.

Frau Luck: „Ich möchte gern unsere Gesprächsergebnisse schriftlich festhalten. Ich verspreche mir davon zweierlei. Erstens beugen wir Mißverständnissen vor und zweitens entlasten wir unser Gedächtnis. Sind Sie damit einverstanden?"

Checkliste: Die vier Manipulationsstrategien

1	Blockadestrategie
2	Durchsetzungsstrategie
3	Sabotage im Gespräch
4	Sabotage nach dem Gespräch

Elegante Abwehrtechniken

Wir werden Ihnen nun einige wirkungsvolle Abwehrmethoden bzw. Kommunikationstechniken vorstellen, die Sie effizient einsetzen können, wenn Sie manipuliert werden. Hier zunächst ein Überblick.

Kommunikationstechniken

- fragen } Präzisierungstrichter
  zuhören
- ignorieren und weitermachen
- dumm stellen (Band zurückspulen)
- Schallplatte mit Sprung auflegen
- Perspektive wechseln
- aus der Situation treten

Abwehrmethoden

- Blockaden abwehren
- das Gespräch abbrechen

Fragen und zuhören

Fragen und zuhören gehören zu jeder gelungenen Unterhaltung, sie sind selbstverständliche Elemente unserer täglichen Gespräche. Richtiges Fragen und Zuhören sind unerläßlich, will man geschickt auf Manipulationsversuche reagieren und der Manipulation entgegenwirken.

Die Kunst, die richtigen Fragen zu stellen

Der bewußte Umgang mit Fragen ist eines der zentralen Elemente der Kommunikation. Meistens werden Fragen als Kommunikationsmittel unterschätzt. Viele Menschen haben das Gefühl, wenn sie zunächst nur Fragen stellen und nicht sofort einen eigenen Standpunkt formulieren, würden sie Chancen verpassen, sich im Gespräch durchzusetzen. Das Gegenteil ist der Fall: Durch Fragen erhöhen Sie die Chancen, eine positive Beziehung zu Ihrem Gesprächspartner aufzubauen und Ihr Gesprächsziel zu erreichen. Warum?

Mit Hilfe kluger Fragen

- gewinnen Sie wichtige Informationen, die Ihnen helfen, Ihre Gesprächstaktik anzupassen; denn durch Fragen finden Sie heraus, worauf es dem Gesprächspartner ankommt und was ihm wichtig ist;
- beziehen Sie den Gesprächspartner aktiv mit ein, Sie zeigen sich somit von Anfang an als Partner und nicht als Gegner;
- können Sie Konfrontationen vermeiden, Gespräche versachlichen und somit emotional schwierige Situationen besser meistern.

Durch Fragen erweisen Sie Ihrem Gesprächspartner Wertschätzung – und jedem Menschen liegt daran, daß ihm Wertschätzung und Respekt entgegengebracht wird.

Das folgende persönliche Erlebnis illustriert, wie durch mangelndes Fragen Chancen verpaßt werden.

Beispiel

Vor einiger Zeit wollte ich mir ein Mobiltelefon zulegen. Ich habe ehrlich gesagt keine Ahnung von Mobiltelefonen. Daher kam es mir sehr auf eine professionelle Beratung an. Im ersten Geschäft, das ich betrat, entwickelte sich folgendes Gespräch mit dem Verkäufer.

Verkäufer: „Kann ich Ihnen helfen?" (Standardfrage)

Ich: „Ja, sehr gern." (Der Verkäufer scheint leicht überrascht bis erschrocken. Kurze Pause.)

Ich: „Ich möchte mir ein Mobiltelefon zulegen."

Verkäufer: „Da haben wir gerade zwei Produkte im Angebot, nämlich ..."

Der Verkäufer stellt mir sofort zwei Produkte vor. Er fragt nicht, wozu ich das Mobiltelefon nutzen möchte, worauf es mir beim Mobiltelefonieren ankommt, was ich überhaupt über das Mobiltelefonieren weiß? Statt dessen erklärt er mir sofort die Vorzüge von zwei bestimmten Produkten. Ich verstehe nur die Hälfte. Er redet an mir vorbei. Obwohl man bemerken kann, daß der Verkäufer irgendeine Art von Schulung hinter sich hat, bin ich äußerst unzufrieden. Denn im Grunde ist er überhaupt nicht auf mich und meine Bedürfnisse eingegangen.

Durch den aktiven Einsatz von Fragen hätte der Verkäufer wesentlich kundenorientierter vorgehen können. Er hätte herausfinden können, was mir wirklich wichtig ist, und welches Produkt ich tatsächlich brauche.

Offene und geschlossene Fragen

Um Fragen gezielter einsetzen zu können, sollten Sie sich den Unterschied zwischen offenen und geschlossenen Fragen bewußt machen. Offene Fragen fordern ganze Sätze als Antwort, während man auf eine geschlossene Frage mit einem einzigen Wort oder der knappen Nennung einer Tatsache ausreichend reagiert hat. Die Antwort auf eine offene Frage fällt in aller Regel länger und ausführlicher aus als die meist knappe Reaktion auf eine geschlossene Frage.

Mit offenen Fragen kann man den Gesprächspartner stärker einbeziehen. Sie haben den Vorteil, daß sie den Gesprächspartner zum Nachdenken anregen, ihn einladen, sich intensiv mit einer Sache auseinanderzusetzen und eigene Lösungsvorschläge vorzubringen. Durch offene Fragen erfährt man in aller Regel mehr als durch geschlossene. Hier einige Beispiele für offene Fragen:

- Wie müßte eine Lösung Ihrer Meinung nach aussehen?
- Welche Wünsche haben Sie hierzu?
- Wie äußert sich das Problem genau?
- Wofür interessieren Sie sich besonders?

Geschlossene Fragen können ganz kurz mit einer Geste oder einem Wort beantwortet werden. Die folgenden Fragen sind Beispiele für geschlossene Fragen:

- Möchten Sie darüber noch einmal nachdenken?
- Sind Sie einverstanden, wenn wir eine kurze Pause machen?
- Wie ist Ihr Name?
- Haben Sie eine Entscheidung getroffen?

Fragen nach dem Einverständnis sind wichtige geschlossene Fragen. Auch bei unklaren und weitschweifigen Äußerungen eignen sich geschlossene Fragen sehr gut, um den Gesprächspartner dazu zu bringen, sich präziser auszudrücken.

Offene Fragen wendet man an, um

- tiefergehende Informationen zu erhalten,
- freie Meinungsäußerung zu fördern,
- zum Nachdenken anzuregen.

Geschlossene Fragen wendet man an, um

- Einverständnis bzw. Zustimmung einzuholen,
- eine Bestätigung zu bekommen,
- Gespräche möglichst straff zu führen,
- Übereinstimmung zu sichern,
- eine klare Antwort zu bekommen.

Die Nachfragetechnik

Eine wichtige Gesprächsmethode ist die Nachfragetechnik. Bei der Nachfragetechnik beziehen Sie sich auf die unmittelbar vorangehende Äußerung. Diese Technik dient in erster Linie dazu, die Äußerung besser zu verstehen oder den Gesprächspartner einzuladen, seine eigene Aussage zu präzisieren oder zu hinterfragen. Nachfragen hilft immer dort, wo es ungenau wird oder auch wo jemand bewußt etwas verschleiern will.

In den folgenden Beispielen benutzt Moritz die Nachfragetechnik:

Beispiele

Max: „Ich sehe da einige Punkte, die ich für kritisch halte."
Moritz: „Welche Punkte meinen Sie genau?"

Max: „Sie werden sicher schon lang einen Plan ausgeheckt haben?"
Moritz: „Woraus schließen Sie das?"
Max: „Was Sie vorschlagen, ist doch wenig realistisch."
Moritz: „Was meinen Sie mit *wenig realistisch*?"

Die Kunst richtig zuzuhören

Das Gegenstück zum Fragen ist natürlich das Zuhören. Wenn ich Fragen gestellt habe, muß ich auch bereit sein zuzuhören. Einfühlsames Zuhören spielt eine entscheidende Rolle in der Gesprächsführung und beim Umgang mit Manipulation.

Was heißt zuhören eigentlich?

Zuhören bedeutet,

- sich dem Gesprächspartner mit voller Aufmerksamkeit zuzuwenden, sich auf ihn einzulassen,
- sich in die Situation des Gesprächspartners hineinzuversetzen, um seine Sichtweise oder seinen Standpunkt zu verstehen. Dabei muß ich den Standpunkt des anderen nicht akzeptieren.

Zuhören ist in erster Linie eine Sache der inneren Einstellung und keine bloße Technik. Zuhören erfordert enorme Konzentration und ist daher eine der anstrengendsten Kommunikationsmethoden. Doch man kann professionelles Zuhören üben und trainieren.

Warum ist zuhören überhaupt wichtig?

Wer zuhören kann, baut leichter eine vertrauensvolle Beziehung zum Gesprächspartner auf. Zuhören ist wie aktives Fragen ein sogenannter „Türöffner", der einen tieferen und persönlicheren Zugang zum Gesprächspartner ermöglicht. Eher aggressive Emotionen können leichter abgebaut werden. Wie das Fragen so ist auch das Zuhören eine hervorragende Methode, um Gespräche zu versachlichen und damit konstruktiver zu gestalten. Gutes Zuhören hilft außerdem, Mißverständnisse zu vermeiden.

Die Grundregel professionellen Zuhörens ist: Man muß dem anderen zeigen, daß man zuhört.

Dazu gibt es prinzipiell drei Möglichkeiten: schweigendes Zuhören, Zuhören mittels Aufmerksamkeitsreaktionen und aktives Zuhören.

Schweigendes Zuhören

Der Zuhörer ist still, aufmerksam und zeigt durch seine dem Gesprächspartner zugewandte Körperhaltung, daß er zuhört.

Zuhören mittels Aufmerksamkeitsreaktionen

Der Zuhörer zeigt durch typische Aufmerksamkeitsreaktionen, daß er zuhört (Kopfnicken, „aha", „wirklich?" u. ä.)

Aktives Zuhören

Der Zuhörer fragt nach, faßt das Gesagte mit eigenen Worten noch einmal zusammen oder spiegelt wider, was in der Äußerung des Gesprächspartners an Gefühlen und Emotionen mitschwingt.

Das aktive Zuhören ist die höchste Form professionellen Zuhörens. Es gibt verschiedene Formen, aktiv zuzuhören:

- durch Nachfragen,
- indem man das Gesagte (die inhaltliche Botschaft) zurück-
  melden bzw. zurückspiegelt,
- indem man das Gemeinte (Emotionale) zurückmeldet bzw.
  zurückspiegelt.

Folgende Beispiele veranschaulichen diese Formen des aktiven Zuhörens.

Beispiele

Der Zuhörer Moritz fragt nach:
Max: „Ich glaube, wir haben eine gute Lösung erarbeitet, ich bin sehr zufrieden."
Moritz: „Das freut mich. Was halten Sie denn bei unserer Lösung für besonders gelungen?"

Der Zuhörer Moritz faßt die inhaltliche Botschaft zusammen und meldet
sie zurück:
Max: „Die Hotels würden alle gewinnen, wenn Sie sich mehr um die Familien kümmern würden. Gerade für Familien ist es ja oft schwierig, eine
passende Unterkunft zu bekommen, bei denen auch Angebote für Kinder
vorhanden sind."
Moritz: „Sie denken, daß die Hotels im Umgang mit Familien noch Nach-
holbedarf haben?"
Max: „Auf jeden Fall."

Der Zuhörer Moritz spiegelt zurück, was an Emotionen in der Äußerung
mitschwingt:
Max: „Diese Besprechung war so was von überflüssig, ich habe meine Zeit
wieder nur verplempert."
Moritz: „Sie scheinen ja ganz schön verärgert zu sein."
Max: „Das kann man wohl sagen."

Übrigens kommt es beim Zuhören nicht so sehr darauf an, daß
ich absolut korrekt wiedergebe, was der andere sagt oder

fühlt. Mindestens genauso wichtig ist, daß ich durch aktives Zuhören dem anderen die Möglichkeit gebe, mich zu korrigieren. Vielleicht habe ich seine Äußerung ja falsch aufgefaßt. Durch aktives Zuhören kann ich dies überprüfen und somit echtes Verständnis aufbauen.

Einfühlsames, aktives Zuhören und aktives Fragen kann man im Gespräch sehr gut miteinander verbinden. In der Kombination bieten beide Methoden eine gute Möglichkeit, Gespräche zu versachlichen und zu präzisieren. Die nächste Methode, die wir Ihnen als Kommunikationstechnik im Umgang mit Manipulation vorstellen, macht im wesentlichen von diesen beiden Methoden Gebrauch.

Das Gespräch versachlichen: der Präzisierungstrichter

Der Präzisierungstrichter ist eine sehr einfache, elegante und wirkungsvolle Methode, um

- emotional geladene Situationen zu versachlichen,
- Wesentliches von Unwesentlichem zu trennen,
- Prioritäten zu erkennen und zu vereinbaren,
- zum Kern zu kommen,
- Einsicht bei Vielrednern oder Angreifern zu schaffen.

Die Grundidee: durch aktives Fragen präzisieren.

Konfrontiert mit Äußerungen des Gesprächspartners hört man aktiv zu und setzt gezielt Präzisierungsfragen ein, um dadurch auf konkrete Fakten und Tatsachen zu kommen.

Wie der Präzisierungstrichter funktioniert sehen Sie an folgendem Beispiel.

Beispiel

Herr Kern: „Ah, Herr Piper, gut, daß ich Sie treffe. Mit Ihnen habe ich sowieso ein Hühnchen zu rupfen. Die Präsentation von Ihrem Mitarbeiter gestern ließ ja mehr als zu wünschen übrig, und die Informationsweitergabe klappt auch überhaupt nicht. Wenn sich nicht bald was ändert, dann wird das ernsthafte Konsequenzen haben. Ich lasse mir von Ihren Leuten doch nicht auf der Nase herumtanzen ..."

Herr Piper: „Jetzt bin ich ein bißchen überrascht. Wenn ich Sie richtig verstanden habe, gibt es gleich zwei Probleme: die Präsentation von Herrn Meier und etwas, was mit unserer Informationsweitergabe nicht stimmt. Lassen Sie uns die beiden Punkte doch klären. *Mit welchem sollen wir denn anfangen?"*

Herr Kern: „Meinetwegen mit der Präsentation von Meier."

Herr Piper: *„Was ist denn da genau vorgefallen?"*

Herr Kern: „Tja – der war überhaupt nicht vorbereitet."

Herr Piper: *„Was heißt ‚nicht vorbereitet'?"*

Herr Kern: „Er hatte keine Unterlagen dabei, wie ausgemacht, und die Folien entsprachen auch nicht meinen Vorstellungen."

Herr Piper: *„Sie hatten mit ihm die klare Vereinbarung getroffen, Unterlagen mitzubringen, und das hat er nicht getan?"*

Herr Kern: „Ja genau."

Herr Piper: „Das wäre also die eine Sache, daß hier eine Vereinbarung nicht eingehalten wurde. *Wie verhält sich das mit den Folien?"*

An diesem Punkt verläuft das Gespräch zwischen Herrn Kern und Herrn Piper schon wesentlich sachlicher und konstruktiver. Wichtig ist dabei, so lange nachzufragen und gut zuzuhören, bis allen Beteiligten wirklich klar ist, worum es genau geht. Oft wird der Fehler gemacht, sich sofort zu rechtfertigen, wenn man mit Vorwürfen konfrontiert wird. Das ist eine typische kausale Reaktion. Das Ergebnis ist meistens, daß ein unfruchtbarer Streit entsteht. Die Situation schaukelt sich auf und eskaliert.

Der Präzisierungstrichter kann nicht nur gut eingesetzt werden, wenn der Manipulator sehr emotional ist, sondern auch dann, wenn er sich in Nebensächlichkeiten verzettelt.

Beispiel

Lydia hat Konflikte im Team. Susanne, ihre Vorgesetzte, sucht ein Gespräch mit ihr. Im Gespräch schweift Lydia ständig ab, beschwert sich über Gott und die Welt und bringt eine ganz Palette von Punkten, die alle gleichrangig nebeneinander zu stehen scheinen. Susanne möchte zuerst Lydias Interessen und Bedürfnisse verstehen. Susanne benutzt den Präzisierungstrichter.

Susanne: „Sie haben jetzt eine ganze Reihe von Punkten erwähnt. *Welcher davon ist Ihnen am wichtigsten?"*

Lydia: „Mir sind alle gleich wichtig."

Susanne: „Gut, wenn Ihnen also alle gleich wichtig sind, *mit welchem sollten wir unbedingt starten?"*

Lydia: „Weiß ich nicht."

Susanne: *„Erscheint Ihnen im Moment dringender, ein Gespräch mit Franz zu führen oder Ihr Projekt zu erledigen?* Das waren ja zwei Punkte, die Sie erwähnt haben."

Lydia: „Das Gespräch mit Franz vielleicht."

Lydia zeigt sich nicht besonders kooperativ. Susanne läßt sich aber dadurch nicht beirren und fragt so lange weiter, bis sie zu konkreten Punkten kommt.

Ignorieren und weitermachen

Ignorieren und weitermachen ist die zurückhaltendste Reaktion auf eine erkannte Manipulationstechnik. Sie gehen schlicht und einfach nicht auf den Manipulationsversuch ein und übergehen die betreffende Äußerung. So wird der Gesprächspartner gewarnt, ohne sein Gesicht zu verlieren.

Dabei können und sollten Sie den Gesprächspartner aber ruhig merken lassen, daß Sie sehr wohl wahrgenommen haben, daß er etwas versucht hat, z. B. durch

- eine Pause im Gespräch (Nachdenken);
- eine Frage: „Sind Sie einverstanden, daß wir wieder weitermachen?";
- durch einen betont konstruktiven Beitrag ihrerseits.

Dazu ein Beispiel, in dem diese Methode angewendet wird.

Beispiel

Die Situation: Sie hatten sich mit Ihrem Gesprächspartner darauf geeinigt, daß zunächst jede Seite die Chance erhält, ihre Interessenlage darzustellen, bevor nach Lösungsmöglichkeiten gesucht wird. Nun hat Ihr Gesprächspartner aber gerade versucht, Ihnen seine Lösung aufzudrücken, ohne sich nach Ihren Interessen zu erkundigen: ein Überrumpelungsversuch. Sie führen das auf eine gewisse Nervosität oder Unsicherheit zurück, ignorieren dieses Manöver einfach und arbeiten konstruktiv weiter: „Mir ist es sehr wichtig, Ihnen meine Interessenlage darzustellen, bevor wir dann im nächsten Schritt zusammen nach Lösungen suchen ..."

Typische Situationen

- Der Manipulator macht einen dummen Scherz oder eine zynische Bemerkung.
- Der Manipulator äußert sich abfällig.
- Er versucht, Sie zu überrumpeln, und drückt aufs Tempo.
- Er gibt sich betont desinteressiert und gelangweilt.

Dumm stellen und Band zurückspulen

Wenn Sie sich dumm stellen, reagieren Sie zwar auf einen Manipulationsversuch, aber Sie interpretieren ihn offiziell als ein Mißverständnis oder eine kleine Verwirrung ihrerseits. Bevor das Gespräch fortgeführt werden kann, muß das Mißverständnis geklärt bzw. die Verwirrung beseitigt werden. Damit vermeiden Sie es, den Gesprächspartner als Manipulator zu „outen" – er oder sie kann das Gesicht wahren und hat ein elegantes Warnsignal erhalten.

Diese Methode illustrieren wir wieder durch ein Beispiel.

Beispiel

Die Situation: Sie haben einen Konflikt mit Ihrem Gesprächspartner. Sie haben sich darauf geeinigt, ein Konfliktlösungsmodell anzuwenden, bei dem zunächst jede Seite ihren Standpunkt darstellen und erläutern soll. Ihr Gesprächspartner hat sich nicht an die Abmachung gehalten. Er hat seinen Standpunkt erst gar nicht präsentiert, sondern gleich seinen Lösungsvorschlag hervorgezaubert. Sie stellen sich dumm.

Sie: „Moment, ich bin jetzt etwas verwirrt. Vorhin hatten wir uns darauf geeinigt, das Konfliktlösungsmodell Schritt für Schritt durchzuspielen. Ich habe Ihnen gerade meinen Standpunkt dargelegt. Eigentlich wäre es jetzt an Ihnen, mir Ihre Sicht der Dinge zu schildern. Sie haben mir aber gerade eine sehr präzise Lösung als Ihr letztes Angebot vorgeschlagen. War das jetzt ein Vorgriff oder ein Beispiel ...?"

Typische Situationen

- Der Manipulator versucht, Sie zu überrumpeln.

- Er lenkt vom eigentlichen Thema ab.

- Es wurde eine Vereinbarung getroffen und jetzt möchte der Manipulator plötzlich nachverhandeln.

- Der Manipulator versucht, Ihnen ein schlechtes Gewissen einzureden.

Schallplatte mit Sprung

Wenn man merkt, daß der Gesprächspartner vom Thema ablenken möchte, daß man eingeschüchtert, angegriffen, gereizt oder überrumpelt werden soll, kann es sehr hilfreich sein, die Schallplatte mit Sprung aufzulegen. Das geht ganz einfach:

Sie sagen immer wieder

- was Sie wollen oder
- worauf es Ihnen ankommt oder
- was Ihnen wichtig ist oder
- was Sie fragen möchten usw.

Sehen wir uns diese Methode wieder an einem Beispiel an.

Beispiel

Hans ist mit seinem Mitarbeiter Klaus unzufrieden. Jeden zweiten Tag kommt er mehr als 20 Minuten zu spät zum Dienst. Er führt ein Kritikgespräch mit Klaus. Klaus versucht im Gespräch, immer wieder geschickt abzulenken.

Hans: „Klaus, ich möchte mit Ihnen gern über Ihr Zuspätkommen sprechen. Das ärgert mich ehrlich gesagt."

Klaus: „Daß ich mal zu spät komme ärgert Sie? Schauen Sie sich lieber mal an, wieviel Arbeit da oft liegen bleibt. Ich wollte schon lange mit Ihnen darüber sprechen, wie wir das besser in den Griff bekommen könnten ..."

Hans: „Das ist bestimmt ein interessantes Thema, im Moment interessiert mich aber nur Ihr Zuspätkommen. Und darüber möchte ich mich mit Ihnen unterhalten."

Klaus: „Immer hat man es auf mich abgesehen. Ich verstehe das nicht. Bei der Urlaubsplanung werden meine Wünsche auch nicht richtig berücksichtigt."

Hans: „Die Urlaubsplanung steht auf einem anderen Blatt. Ich möchte jetzt gern mit Ihnen darüber sprechen, daß Sie jeden zweiten Tag zu spät zum Dienst kommen."

Spätestens jetzt sollte es Hans eigentlich gelungen sein, mit Klaus über das eigentliche Gesprächsthema zu reden.

Doch Vorsicht: Wie alle anderen Gesprächstechniken muß man die Schallplatte mit Sprung üben, üben, üben. Denn schon von Kindesbeinen an wird uns abtrainiert, direkt und hartnäckig zu sein. Aber: Die Schallplatte mit Sprung ist moralisch einwandfrei, niemand wird getäuscht, manipuliert, mißachtet oder abgewertet. Man macht nur von seinem Recht Gebrauch, das zu sagen, was man will.

Typische Situationen

- Der Manipulator möchte Sie zu etwas bringen oder Ihnen etwas verkaufen, was Sie ablehnen. (Durch die Schallplatte mit Sprung lehnen Sie beharrlich ab.)

- Der Manipulator versucht vom Thema abzulenken.

- Er möchte Nebenkriegsschauplätze eröffnen.

- Der Manipulator läßt Sie nicht ausreden und unterbricht Sie laufend.

Perspektive wechseln

Auch diese Schutztechnik ist im Grunde sehr einfach. Sie antworten nicht direkt auf einen Manipulationsversuch, sondern laden Ihren Gesprächspartner ein, die Situation mit Ihren Augen oder mit den Augen eines anderen zu sehen. Sie führen ganz bewußt einen Perspektivwechsel herbei. Die folgenden Beispiele illustrieren diese Vorgehensweise.

Beispiele

Max: „Also, Moritz, ich möchte jetzt einfach nicht mehr diskutieren. Entweder akzeptierst Du meinen Vorschlag oder ich entscheide die Sache ganz allein, und dann wirst Du schon sehen, wo Du bleibst!"

Moritz: „Max, diese Äußerung irritiert mich jetzt. Was glaubst Du, wie das jetzt auf mich wirkt?"

Hier lädt Moritz Max ein, sich die Sache mal aus seiner Sicht anzusehen. Im folgenden Fall bietet Moritz die Perspektive einer dritten Partei an.

Max: „Also ich kann einfach nicht verstehen, warum Dir mein Vorschlag nicht gefällt. Warum bist Du so unkooperativ?"

Moritz: „Stell Dir vor, wir setzen Deinen Vorschlag um. Was werden dann Kasperl und Krampus machen?"

Typische Situationen

- Der Manipulator will nicht verstehen.

- Er stellt sich stur.

- Er beharrt auf seinem Standpunkt und gräbt sich in seine Position ein.

Aus der Situation treten

Manchmal ist es zur Abwehr von Manipulationstechniken am besten, den „Stier bei den Hörnern zu packen", das Gespräch entschlossen zu unterbrechen und den Manipulationsversuch offen anzusprechen. Das geht auf elegante Weise mit der folgenden Technik:

1 Gespräch klar und deutlich unterbrechen.

2 Unterbrechung kurz und klar begründen.

3 Wie geht es weiter?

Wieder veranschaulichen wir die Methode an Hand von zwei Beispielen.

Beispiele

Kurt wurde als Moderator eingeladen, um ein Team dabei zu unterstützen, einen schon lange schwelenden Konflikt zu bearbeiten. Die Teammitglieder schweifen in der Diskussion jedoch ab. Schließlich „tritt Kurt aus der Situation".

Kurt:
1. „Ich unterbreche die Diskussion."
2. „Ich habe den Eindruck, es geht hier nicht mehr um die eigentliche Sachfrage, sondern um eine Meinungsverschiedenheit, die mit dem Thema nichts zu tun hat."
3. „Ich werde die Ausgangsfrage noch einmal wiederholen, dann die wichtigsten Sachergebnisse der Diskussion zusammenfassen und dann werden wir die Diskussion wieder aufnehmen. Sind Sie damit einverstanden?"

Kurt unterbricht die Diskussion deutlich, er spricht die unergiebige Situation an und macht schließlich einen Vorschlag, wie es weitergehen könnte.

Im nächsten Beispiel benutzt Karin die Methode *Aus der Situation treten*, um sich vor Unterbrechungen zu schützen.

Karin:
1. „Moment, jetzt möchte ich nicht mehr weitermachen – Auszeit!"
2. „Sie haben mir jetzt zum zweiten Mal das Wort abgeschnitten. Wir hatten uns auf die Regel geeinigt, daß jeder von uns ausreden darf."
3. „Ich möchte jetzt mein Argument zu Ende führen; dann höre ich mir gerne Ihre Ansicht an. Sind Sie damit einverstanden?"

Auch Karin unterbricht das Gespräch klar und deutlich, sie spricht den Manipulationsversuch (nicht ausreden lassen) an, und sie macht einen Vorschlag, wie es weitergehen sollte.

Der Kernpunkt dieser Methode ist, daß der Manipulationsversuch direkt angesprochen und identifiziert wird. Bevor man dies jedoch tut, sollte man das Gespräch deutlich erkennbar unterbrechen. Dies ist wichtig, damit die Sachebene des Gesprächs nicht mit der Beziehungsebene der Gesprächsteilnehmer vermischt werden kann. Nimmt man diese Trennung nicht deutlich genug vor, können sich das eigentliche Gesprächsthema und die Frage danach, wie miteinander im Gespräch umgegangen wird, so ineinander verschränken, daß nicht mehr erkennbar ist, worum es eigentlich geht.

Typische Situationen

- Der Manipulator hat bereits mehrfach Manipulationsversuche unternommen.

- Der Manipulationsversuch ist besonders drastisch (zum Beispiel eine Beleidigung).

- Andere Methoden konnten den Manipulator nicht dazu bringen, sein manipulatives Verhalten abzustellen.

Wie Sie mit Blockaden umgehen

Wie oft gerät man mit einem Gespräch nicht in die Sackgasse! Der Gesprächspartner mauert und versucht das Gespräch zu blockieren. Das folgende Eskalationsmodell beschreibt die verschiedenen Schritte oder Phasen, mit denen man auf eine massive Blockade reagieren kann. Von Phase zu Phase werden die Mittel und Methoden, die Sie einsetzen, direkter und deutlicher.

Schritt 1: Verstehen

Sie haben die Blockade wahrgenommen und versuchen nun, die Situation des Gesprächspartners zu verstehen. In dieser Phase hören Sie vor allem zu und stellen Fragen – am besten offene. Verwenden Sie die oben beschriebene Methode des Präzisierungstrichters. Ihr Ziel sollte sein, herauszufinden, was Ihrem Gesprächspartner wichtig ist, welche Bedürfnisse er hat und vielleicht auch welche Befürchtungen.

Nehmen wir an, Ihre Bemühungen, durch zuhören und fragen die Blockade des Gesprächspartners aufzulösen, bleiben erfolglos.

Schritt 2: Kooperation unterstellen

Auch wenn Ihr Gesprächspartner weiterhin mauert – unterstellen Sie zunächst Kooperationsbereitschaft. Sie könnten dabei die Methoden wählen:

■ *ignorieren und weitermachen*
   „Gut, lassen Sie uns im Modell fortfahren, ich möchte Ihnen zuerst meinen Standpunkt schildern ..."

- *dumm stellen*
  „Eines ist mir jetzt nicht ganz klar, wahrscheinlich habe ich mich nicht korrekt ausgedrückt ..."

- die Verhaltensweise *positiv interpretieren*
  „Da Sie auf meine Frage nicht antworten möchten, vermute ich, daß Sie einen sehr wichtigen Grund dafür haben. Ich möchte meine Frage daher zurückziehen ..."

Doch Ihr Gesprächspartner mauert weiter.

Schritt 3: Kooperation signalisieren

In Phase 3 können Sie nun versuchen, Kooperation zu signalisieren. Am besten dadurch, daß Sie den ersten Schritt unternehmen. („Ich nehme zur Kenntnis, daß Sie offenbar nicht sofort Ihre Interessenlage darlegen wollen. Lassen Sie mich dann den ersten Schritt tun, indem ich Ihnen meine Erwartungen nenne. Sind Sie einverstanden?")

Löst sich die Blockade trotzdem nicht, sollten Sie Schritt 4 anwenden.

Schritt 4: Blockade ansprechen

In diesem Schritt benutzen Sie die Methode *Aus der Situation treten*, das heißt, Sie unterbrechen das Gespräch und sprechen die Blockade direkt an: „Ich möchte das Gespräch an dieser Stelle unterbrechen, wir sitzen nun schon 20 Minuten zusammen. Sie haben bisher auf keine meiner Fragen geantwortet und auch keinen Vorschlag unterbreitet, was wir Ihrer Meinung nach tun sollen. Ehrlich gesagt, habe ich das Gefühl, sie mauern ganz einfach. Was ist denn los?"

Stellen wir uns vor, auch durch Schritt 4 kommen Sie nicht weiter.

Schritt 5: Macht fair einsetzen

In Schritt 5 setzen Sie auf faire Weise Ihre Macht ein. Doch worin besteht Ihre Macht? – Die Macht, die Sie in einem Gespräch einsetzen können, ist Ihre Ausstiegsoption (Macht = Ausstiegsoption). Die Ausstiegsoption bestimmt das, was Sie tun, wenn das Gespräch mit Ihrem Gesprächspartner scheitert. Schon vor dem Gespräch sollten Sie sich fragen, wie Sie vorgehen wollen, wenn das Gespräch scheitert. Dabei kommt es darauf an, daß Sie fair bleiben – fair heißt, daß Sie dem Gesprächspartner ankündigen, was Sie tun, und ihm die Gelegenheit einräumen, zu einem sachlichen und ergebnisorientierten Gespräch zurückzukehren. Dabei gehen Sie am besten schrittweise vor:

1 Kündigen Sie Ihr Vorhaben als faires Angebot an.

2 Setzen Sie Ihre Macht klar begründet ein.

3 Handeln Sie mit dieser Begründung konsequent.

Am besten machen wir uns den Einsatz von Macht in einem Gespräch an Hand eines Beispiels klar:

Beispiel

Herr Müller hat wiederholt wichtige an ihn delegierte Aufgaben einfach nicht erfüllt. Die Abläufe im Team leiden darunter sehr stark.

Sie sind die Teamleitung und führen ein Konfliktgespräch mit Herrn Müller. Offensichtlich blockiert Herr Müller. Sie haben die Stufen 1, 2 und 3 des Eskalationsmodells zur Überwindung einer Blockade erfolglos durchlaufen und setzen das Gespräch auf Stufe 4 fort:

Blockade ansprechen
Sie: „Auszeit! Ich sehe im Moment keine Möglichkeit, den Konflikt vernünftig zu lösen. Ich habe den Eindruck, Sie haben an dem Gespräch bzw. an einer gemeinsamen Suche nach Lösungen kein Interesse. Was ist los?"
Herr Müller mauert weiter.

Macht einsetzen
1. Ankündigen als faires Angebot:
„Ich sehe jetzt zwei Möglichkeiten: Wir legen gemeinsam bis 15 Uhr eine Lösung fest, oder ich werde von meiner Leitungskompetenz Gebrauch machen und eine Abmahnung aussprechen. Aber ich hoffe doch sehr, wir finden gemeinsam doch noch eine dauerhafte und sinnvolle Lösung und schaffen die Sache aus der Welt. Was schlagen Sie vor?"

2. Einsetzen mit klarer Begründung:
„Herr Müller, ich habe jetzt ganz stark den Eindruck, daß Ihnen nicht an einer Verhandlungslösung gelegen ist. Als Teamleiterin bin ich dem Team und unseren Kunden dafür verantwortlich, daß die Aufgaben A, B und C perfekt und zuverlässig ausgeführt werden. Deshalb kann ich Ihr Verhalten nicht länger tolerieren. Ich muß eine Abmahnung aussprechen."

3. Konsequent handeln mit klarer Begründung:
Abmahnung aussprechen.

Worin liegen die Vorteile des fairen Machteinsatzes? – Dem Manipulator wird auf der einen Seite ein Wiedereinstieg in einen sachlichen lösungsbezogenen Dialog ermöglicht, auf der anderen Seite wird ihm unmißverständlich klargemacht, welche Konsequenzen er zu erwarten hat, wenn er auf das Angebot nicht eingeht. Der Manipulator selbst hat die Wahl. Man droht ihm nicht einfach.

Checkliste: **Umgang mit Blockaden**

1 Verstehen
2 Kooperation unterstellen
3 Kooperation signalisieren
4 Blockade ansprechen
5 Macht fair einsetzen

Wie Sie ein Gespräch abbrechen

> Ein redlich Wort macht Eindruck,
> schlicht gesagt.
> *Shakespeare*

Traurig, aber wahr: Manchmal geht es einfach nicht! Mitunter wird es notwendig sein, ein Gespräch klar und deutlich abzubrechen. In solchen Fällen gilt es, sich selbst zu schützen und so elegant wie möglich aus der Affäre zu ziehen. Weit verbreitete, aber wenig elegante Abbruchmethoden sind:

- schimpfend den Rückzug antreten,
- Vorwürfe machen,
- begründen, warum man selbst keine Schuld am mißlungenen Gespräch hat,
- vage oder konkrete Drohungen ausstoßen,

- Ärger in sich hineinfressen und still abziehen,

- den Gesprächspartner einfach sitzen lassen,

- den Gesprächspartner abbrechen lassen – wie auch immer.

Doch es geht auch anders und besser. Versuchen Sie in solchen Situationen möglichst:

- die Initiative zu behalten, indem Sie selbst abbrechen,

- den Abbruch klar zu begründen,

- eventuell: die Folgen zu klären,

- eventuell: einen Weg zur „Goldenen Brücke" zu skizzieren.

Wieder können Sie sich anhand zweier Beispiele diese Methode verdeutlichen:

Beispiele

„Herr Meier, ich tue das ungern, aber für mich ist nach dieser Bemerkung das Gespräch zu Ende. Ich lasse mich nicht beleidigen. Bis morgen um zehn Uhr bin ich für Ihre Vorschläge offen; dann werde ich mich beim Abteilungsleiter und dem Personalrat beschweren. Auf Wiedersehen."

„Meine Damen, meine Herren: Ich sehe keine Möglichkeit mehr, all die Mißverständnisse in diesem Gespräch noch zu entwirren. Sie wissen, daß wir unter Zeitdruck stehen. Deshalb werde ich die Entscheidung selbst treffen, auf meine Kappe nehmen und Sie schnellstmöglich informieren."

Der Gesprächsabbruch ist der schlimmste aller möglichen Fälle. Aber auch für solche Situationen sollte man gewappnet sein, denn es geht nicht zuletzt auch darum, sich selbst zu schützen.

Argumentationsfallen und Scheinargumente

Wer will sich nicht in Gesprächen, Diskussionen oder Verhandlungen durchsetzen. Die Frage ist nur, wie dies geschieht. Nicht selten wird versucht, dieses Ziel zu erreichen, indem man die Gesprächspartner manipuliert. Wir stellen Ihnen im folgenden Teil die wichtigsten überzeugungsorientierten Taktiken, Argumentationsfallen und Scheinargumente vor; denn nur wenn man weiß, was vor sich geht, kann man sich entsprechend schützen und angemessen reagieren.

Eines sollten Sie bei der Beschäftigung mit typischen Argumentationstaktiken und vor allem bei Ihrer Reaktion darauf nicht vergessen: Die Fallen werden oft unbewußt eingesetzt und auch manche Fehler unterlaufen unabsichtlich. Ein wichtiger Nebeneffekt der Auseinandersetzung mit Argumentationsfallen ist daher, die möglichen Fehlerquellen auch bei der eigenen Argumentation zu erkennen. Manchmal benutzt man selbst Scheinargumente, ohne daß man sich dessen wirklich bewußt wäre – mit anderen Worten, man manipuliert. Wer Scheinargumente erkennt, hat den ersten Schritt auf dem Weg, bessere Argumentationen aufzubauen, bereits getan. Und wer qualitativ bessere Argumente findet, verbessert auch seine Überzeugungskraft.

Wie Sie sich wehren

Es gibt ein paar ganz allgemeine Methoden, wie man sich vor Argumentationstricks und Scheinargumenten schützen kann. Generell ist es hilfreich, die folgenden Schritte zu unternehmen:

Schritt 1: Taktik erkennen und Fehler identifizieren

Dieser Schritt ist im Umgang mit Taktiken oft schon der entscheidende. Wenn Sie erkennen, daß eine Falle aufgestellt wurde, tappen Sie auch nicht blindlings hinein. Denn oft bemerkt man gar nicht, daß man gerade einer Scheinargumentation aufsitzt. Doch wenn Sie wissen, welche Taktik benutzt wird, haben Sie in der Regel auch den zentralen Schwachpunkt der Taktik identifiziert und können Gegenmaßnahmen einleiten.

Schritt 2: Faire Gegenmaßnahmen durchführen

Dabei haben Sie eine Reihe von Möglichkeiten:

- Sie sprechen ganz direkt an, welche Taktik der Manipulator gerade verwendet, oder welchen Fehler er begeht. Sie nennen die Taktik also beim Namen. Wenn Sie dabei noch die richtige Fachterminologie zur Identifizierung des Fehlers benutzen, liegt die Reaktionsbandbreite des Manipulators meist zwischen verdutztem Innehalten und erschrockenem Abwiegeln. Normalerweise wird er die Taktik dann nicht noch einmal einsetzen.

- Sie stellen kritische Fragen zur Argumentation des Manipulators. Die kritischen Fragen zielen dabei auf die zentralen Schwachpunkte der Argumentationsfalle. Kritische Fragen in freundlichem Ton stellen eine besonders elegante Gegenmaßnahme dar.

■ Sie fordern vom Manipulator eine echte Begründung ein. Die Taktiken werden ja meistens dazu verwendet, sich den Anschein zu geben, man hätte ausreichend argumentiert und begründet. Dadurch soll der Gesprächspartner dazu gebracht werden, einen anderen Standpunkt zu übernehmen. Wenn Sie um echte Gründe bitten, machen Sie dem Manipulator klar, daß Sie sein Manöver durchschaut haben. Er trägt nun die Beweislast.

Selbstverständlich können Sie bei der Abwehr von Argumentationstaktiken auch jene Methoden verwenden, die wir Ihnen bisher vorgestellt haben: Sie können *ignorieren und weitermachen*, Sie können sich *dumm stellen*, Sie können den *Präzisierungstrichter* einsetzen oder die *Schallplatte mit Sprung* auflegen.

Wir werden im folgenden Teil die einzelnen Taktiken isoliert betrachten. Natürlich vereinfachen und typisieren wir dadurch wirkliche Situationen. Ein geschickter Manipulator kombiniert meist mehrere Taktiken und Manöver, um so den Druck auf den Gesprächspartner zu erhöhen. Doch diese Typisierungen werden Ihnen helfen, Manipulationsversuche leichter zu erkennen. Und je schneller Sie reagieren können, desto besser.

Schwarzweißmalerei

Schwarzweißmalerei kann ein hervorragendes Manipulationsmanöver sein, da der Eindruck vermittelt wird, es würde ganz logisch argumentiert. Der Manipulator nutzt sogenannte Entweder-oder-Argumente. Folgendes Beispiel veranschaulicht ein einfaches Entweder-oder-Argument:

Entweder wir gehen ins Theater oder wir gehen ins Kino.

Wir gehen nicht ins Theater, also gehen wir ins Kino.

Die Argumentform ist immer dieselbe: Entweder tritt Fall A ein oder Fall B; wenn Fall B nicht eintritt, muß konsequenterweise Fall A eintreten. Diese Argumentation ist in sich logisch gültig. Doch bei Alltagsargumentationen dieser Art lauert ein fataler Fehler. Das Argument setzt nämlich voraus, daß nur die angegebenen Alternativen existieren, und nur unter dieser Voraussetzung ist das Argument auch tatsächlich gültig.

Der Manipulator setzt die Schwarzweißmalerei in Form eines Entweder-oder-Arguments ein, um „logischen Druck" auf den Gesprächspartner auszuüben, der diesen zwingen soll, sich der Argumentation des Manipulators anzuschließen.

Wenn Sie mit einer solchen Argumentation konfrontiert sind, sollten Sie sich also als erstes die Frage stellen, ob die Behauptung auch wirklich alle Alternativen umfaßt. Wer sich durch Entweder-oder-Aussagen auf nur zwei mögliche Alternativen beschränkt, fördert das Schwarzweißdenken und blockiert eigenständiges Weiterdenken. Mit ein bißchen Anstrengung und Phantasie kann man diese Blockade durchbrechen. In den wenigsten Fällen stehen uns nur zwei einander ausschließende Optionen zur Verfügung.

Beispiel

Hubert: „Es gibt im Moment nur zwei Möglichkeiten: Entweder wir verfolgen Plan A oder Plan B. Plan B ist nicht durchführbar. Also bleibt uns nur Plan A. Das ist ja wohl logisch."

Hubert benutzt ein Entweder-oder-Argument, um für Plan A zu argumentieren. Der Schwachpunkt liegt natürlich in der Entweder-oder-Behauptung. Gibt es wirklich nur die Alternativen zwischen Plan A und Plan B? Sind nicht noch weitere Möglichkeiten vorstellbar? Genau an dieser Stelle wackelt auch Huberts Argumentation.

Abwehr

Am besten ziehen Sie die Entweder-oder-Behauptung in Zweifel.

Beispiel

Herbert folgt Huberts Argumentation nicht: „Hubert, Du hast von Plan A und Plan B gesprochen. Ich würde Dir zustimmen, wenn dadurch tatsächlich alle unsere Alternativen erschöpft werden. Aber ist das denn wirklich der Fall? Warum haben wir nur diese zwei Handlungsoptionen?"

Herbert stellt eine kritische Frage, die auf den Schwachpunkt von Huberts Argumentation aufmerksam macht; gleichzeitig fordert er Hubert auf, eine Begründung dafür zu liefern, warum nur zwei Alternativen existieren.

Der Fehlschluß der falschen Alternative

Eng mit der Taktik der Schwarzweißmalerei hängt eine Taktik zusammen, die wir Fehlschluß der falschen Alternative nennen. Dabei wird eine bestimmte Alternative aus einer Reihe von gegebenen Alternativen als richtig oder akzeptabel eingestuft, weil die anderen Alternativen inakzeptabel seien. Bei diesem Manöver wird verschleiert, daß alle Optionen gleichermaßen unannehmbar und schlecht sein können. Das Argument verläuft also ungefähr so:

Wir haben Alternativen A, B und C. A und B sind inakzeptabel, also bleibt nur Alternative C.

In dieser Form ist das Argument natürlich unkorrekt. Anders sähe es aus, wenn wir mit Sicherheit wüßten, daß in der betrachteten Situation nur drei Möglichkeiten A, B, oder C in Frage kämen und wir gezwungen sind, eine auszuwählen. Dann könnten wir tatsächlich schließen, daß Alternative C richtig/akzeptabel sein muß, wenn sich A und B als falsch/inakzeptabel herausstellen.

Der Manipulator geht bei dieser Taktik in der Regel so vor: Zunächst verdammt er mögliche Alternativen als unannehmbar, um dann den eigenen Vorschlag als einzig mögliche Lösung zu präsentieren. Durch die Gegenüberstellung dieses Vorschlags mit den anderen Optionen entsteht der Eindruck, als seien alle Möglichkeiten bereits ausgeschöpft. So geschieht es auch im folgenden Beispiel.

Beispiel

Werner und Marlene führen ein Konfliktgespräch. Jeder hat im Gespräch bereits einen eigenen Lösungsvorschlag präsentiert.

Werner: „Also, Marlene, wo stehen wir im Moment? Wir haben zwei Lösungsvorschläge auf dem Tisch. Einen haben Sie vorgeschlagen, der andere stammt von mir. Sie haben nun selbst gerade gesagt, daß Ihr Vorschlag wohl nicht realisierbar sein wird. Nach dem Gesetz der Logik bleibt somit nur mein Lösungsvorschlag übrig. Da stimmen Sie mir sicher zu?"

Es ist mutig von Werner, sich hier die Logik zum Verbündeten zu machen. Denn seine Argumentation wäre natürlich nur richtig, wenn die beiden Lösungsvorschläge tatsächlich alle Möglichkeiten ausgeschöpft hätten.

Wenn der Manipulator sehr geschickt vorgeht, wird er die Handlungsalternativen so beschreiben, daß tatsächlich der Eindruck entsteht, als wären alle Möglichkeiten in Betracht gezogen. Unterstützen werden ihn dabei Formulierungen wie:

- Prinzipiell gibt es nur drei Möglichkeiten ...

- Alles in allem stehen uns ja nur folgende Alternativen zur Verfügung ...

- Wenn man es genau betrachtet, haben wir ja nur zwei Möglichkeiten ...

Abwehr

Weisen Sie deutlich darauf hin, daß durch das Argument nicht gezeigt wird, daß die gewählte Alternative tatsächlich gut und akzeptabel ist. Sie machen den Vorschlag, nach weiteren Optionen zu suchen.

Beispiele

Werner hat Marlenes logischen Sachverstand unterschätzt. Sie kontert: „Ihr Argument wäre nur richtig, wenn unsere zwei Lösungsvorschläge wirklich die einzigen Alternativen wären, die wir hätten. Es folgt noch lange nicht zwingend, daß Ihr Vorschlag realisierbar und gut ist, nur weil mein Vorschlag zurückgezogen werden muß. Vielleicht sollten wir an eine weitere Alternative denken, bei der jedem von uns gedient ist ..."

Hier noch ein Beispiel, in dem der Fehlschluß der falschen Alternative angewendet wird.

Ein Politiker rechtfertigt einen militärischen Angriff gegen einen Staat. Politiker: „Im Grunde gab es für uns doch nur zwei Alternativen. Entweder X stimmte unserem Verhandlungsangebot zu oder wir mußten ihn mit Waffengewalt dazu zwingen. Sie haben ja selbst gesehen, daß X nicht im geringsten dazu bereit war, die Lösung zu akzeptieren. Es blieb uns also nur dieser eine Weg."

Das falsche Dilemma

Eine ebenfalls mit der Schwarzweißmalerei verwandte Taktik ist die Konstruktion eines sogenannten falschen Dilemmas. Ein Dilemma hat folgende Form:

1 Entweder tritt Fall A ein oder Fall B.

2 Wenn Fall A eintritt, dann tritt Fall C ein.

3 Wenn Fall B eintritt, dann tritt Fall D ein.

4 Also tritt entweder Fall C oder Fall D ein.

Diese Argumentform ist logisch gültig. Bei einem Dilemma werden die Konsequenzen der Alternativen durchgespielt. Dabei wird unterstellt, daß man nur zwischen zwei sich erschöpfenden Alternativen wählen kann. Das Argument baut also auf einer Entweder-oder-Behauptung auf. Wenn diese Alternativen die Situation jedoch nicht ausschöpfen, handelt es sich um ein falsches Dilemma. In folgendem Beispiel konstruiert Lothar ein solches falsches Dilemma.

Beispiel

Lothar hat Geld geerbt, das er nun gut anlegen möchte. Er denkt an ein Sparbuch oder an den Kauf von Aktien. Er argumentiert wie folgt: „Ich habe folgende Möglichkeiten: Entweder ich lege das Geld auf ein Sparbuch, oder ich investiere es in Aktien. Wenn ich es auf das Sparbuch lege, erhalte ich nur eine sehr geringe Rendite. Wenn ich es in Aktien investiere, trage ich das Risiko, daß ich sogar Geld verliere. Also gewinne ich nur sehr wenig oder verliere sogar etwas."

Ganz klar, daß Lothar hier einem falschen Dilemma aufsitzt. Denn die Alternativen, die ihm einfallen, sind erstens nicht erschöpfend und schließen sich zweitens auch nicht aus.

Ein Manipulator kann ein Dilemma geschickt einsetzen, um jemandem von einer bestimmten Handlung abzuraten. Dabei wird er – auf der Basis einer Entweder-oder-Behauptung – Konsequenzen ableiten, die nicht wünschenswert sind. Das Manöver funktioniert natürlich auch in umgekehrter Weise, wenn der Manipulator versucht, den Gesprächspartner zu einer Handlung zu bringen.

Beispiel

Karl hat Probleme mit seinem Gruppenleiter. Er geht zum Abteilungsleiter Rainer, um sich zu beraten, was er tun könnte. Rainer ist das Gespräch unangenehm, er möchte Karl so schnell wie möglich wieder loswerden.

Rainer zu Karl: „Klar, Sie haben recht. Sie haben zwei Möglichkeiten: sich zu beschweren oder ganz das Team zu verlassen. Aber bedenken Sie, wenn Sie sich beschweren, handeln Sie sich möglicherweise Ärger ein, der Sie stets in diesem Unternehmen begleiten wird. Wenn Sie daran denken, das Team zu verlassen, entgeht Ihnen die Chance auf eine Beförderung, die demnächst ansteht. Wie Sie es auch drehen und wenden, Sie werden in jedem Fall den Kürzeren ziehen."

In diesem Beispiel wird ein weiterer Schwachpunkt dieser Taktik deutlich. Wer sagt denn, daß die genannten Konsequenzen tatsächlich eintreten? Die möglichen Folgen der verschiedenen Alternativen können auf sehr wackeligen Beinen stehen. Prüfen Sie also gut, wie es um die genannten Konsequenzen wirklich steht. Oft malt der Manipulator nämlich furchterregende Konsequenzen aus, um dadurch den Gesprächspartner einzuschüchtern.

Abwehr

Gegen ein falsches Dilemma können Sie in ähnlicher Weise vorgehen, wie gegen die Schwarzweißmalerei in einem Entweder-oder-Argument. Sie fordern auf, weitere Alternativen zu suchen. Sie können außerdem in Frage stellen, ob die genannten Konsequenzen tatsächlich zu erwarten sind.

Beispiel

Karl folgt Rainers Argumentation nicht: „Ich bin mir da ehrlich gesagt nicht so sicher, daß ich wirklich nur diese Möglichkeiten habe. Eigentlich bin ich zu Ihnen gekommen, um weitere Alternativen zu überlegen. Wenn ich tatsächlich nur die Möglichkeiten hätte, mich entweder zu beschweren oder das Team zu verlassen, sehe ich nicht, warum sich die Konsequenzen daraus ergeben sollten, die Sie genannt haben. Was meinen Sie damit, daß ich mir Ärger einhandeln werde, der mich im Unternehmen immer begleiten wird?"

Die Analogiefalle

Ein sehr wirkungsvolles Scheinargument für Manipulationen ist die Analogiefalle. Sie basiert auf einem Analogieargument.

Bei einem Analogieargument wird gezeigt, daß eine Situation A zu einer Situation B ähnlich ist. In Situation A war es richtig/falsch Handlung X zu tun (oder: In Situation A war/ist Aussage X wahr/falsch), daher ist es auch in Situation B richtig/falsch X zu tun (oder: Ist auch in Situation B Aussage X wahr/falsch).

Im folgenden Beispiel benutzt Carla ein solches Analogieargument.

Beispiel

Carla: „Meine Damen und Herren, eine Sache dürfte wohl klar sein: Es wird nichts bringen, wenn man versucht, die Finanzmärkte zu kontrollieren. Das Kapital läßt sich nicht vorschreiben, wohin es fließen soll. Die Regeln der Investition sind wie Naturgesetze. Auch die können wir nicht ändern. Wasser fließt nach unten, das Kapital fließt dorthin, wo es die beste Rendite gibt."

Carla will mit ihrer Argumentation darauf hinaus, daß sich das Kapital nicht kontrollieren läßt. Dazu bringt sie einen Vergleich (eine Analogie) zwischen den Regeln der Investition und den Naturgesetzen, die sich nicht verändern lassen.

In einer Analogie werden zwei Dinge oder Situationen verschiedener Art miteinander verglichen. Bei diesem Vergleich stellt man gewisse Ähnlichkeiten zwischen den Dingen oder Situationen her. Analogieargumente sind schwache, aber durchaus brauchbare Argumente. Ihre Überzeugungskraft beruht auf der Stärke der festgestellten Analogie, also auf der Frage: Sind die Situationen, die miteinander verglichen werden in einer für das Argument relevanten Hinsicht einander tatsächlich ähnlich? In unserem Beispiel müßte man also die Frage stellen: Können Investitionsregeln sinnvoll mit Naturgesetzen verglichen werden? Hier scheinen Zweifel angebracht.

Analogieargumente sind in Händen eines Manipulators äußerst wirkungsvolle Instrumente. Ein raffinierter Manipulator stellt Vergleiche zu Dingen oder Situationen her, denen man nur zustimmen kann oder die man einfach ablehnen muß – je nach Argumentationsrichtung des Manipulators. Da man der analogen Situation zustimmt (bzw. sie ablehnt), wird man gedrängt, die Zustimmung bzw. Ablehnung auch auf die eigentliche Situation zu übertragen, die Thema der Diskussion ist. In vielen Fällen ist man schneller überrumpelt als man denkt.

Beispiel

In der Nähe einer kleinen Ortschaft wurde eine neue Müllverbrennungsanlage errichtet. Diese Anlage arbeitet nach einem neuartigen Verfahren, bei dem deutlich weniger Schadstoffe anfallen. Dennoch hat sich in dem Ort eine Bürgerinitiative gebildet, die auf die Abschaltung der Anlage drängt.

In einem Gasthaus treffen sich die Geschäftsleitung des Unternehmens und Vertreter der Bürgerinitiative. Der Geschäftsführer erläutert die Vorteile, insbesondere die Umweltverträglichkeit der neuen Anlage. Da meldet sich ein Vertreter der Bürgerinitiative zu Wort: „Wissen Sie, was mir an Ihrem Gedankengang überhaupt nicht gefällt, wo mir richtig unwohl wird: Damit Sie mit Ihrer Anlage produktiv arbeiten können, müssen wir doch Müll produzieren. Es kann doch gar nicht in Ihrem Interesse sein, daß Müll vermieden wird." Darauf erwidert der Geschäftsführer: „Aber das ist doch absurd, was Sie hier sagen. Das würde ja auf das gleiche hinauslaufen, als würden Sie fordern, wir sollten keine Kleider mehr tragen. Der Mensch hat immer Müll produziert und wird immer Müll produzieren."

In unserem Beispiel benutzt der Geschäftsführer einen Analogietrick, um die Absurdität der gegnerischen Position zu zeigen. Seine Argumentation beruht auf einer vermeintlichen Analogie zwischen – ja zwischen was eigentlich? Hier ist es gar nicht so leicht festzustellen, in welcher Form eigentlich ein Vergleich angestellt wird. Die eine Seite des Vergleichs ist das *Nicht-mehr-Tragen-von-Kleidungsstücken*. Aber was genau ist die andere Seite? Wenn man die Äußerung des Gegners anschaut, dann müßte es seine These sein: *Müll so weit wie möglich reduzieren*. Aber besteht hier tatsächlich eine Analogie zwischen diesen beiden Situationen, so daß dadurch die Argumentation des Anlagengegners tatsächlich ad absurdum geführt wird?

Doch warum ist man mit Analogien so leicht irrezuführen? Ein Grund dafür ist, daß man das Analogieargument oft gar nicht als solches erkennt und somit gar nicht auf die Idee kommt, Stärke oder Schwachpunkte der Argumentation zu prüfen.

Besonders undurchsichtig wird es, wenn der Manipulator eine versteckte Analogietaktik benutzt. Betrachten wir dazu folgendes Beispiel:

Beispiel

Regina wirft Helmut vor, daß es nicht richtig war, Konrad, einem langjährigen Mitarbeiter, zu kündigen. Helmut verteidigt sich: „Es gibt eben Situationen, wo man nicht anders kann und so handeln muß. Da gibst du mir sicher recht?"

Wo steckt hier die Analogietaktik? Helmut sagt, daß Situationen existieren, wo man eben so handeln muß, wie er es tut, in unserem Fall hieß das, einen Mitarbeiter zu entlassen. Dieser Aussage würden bestimmt die meisten Menschen zustimmen. Helmut benutzt diese Aussage zur Rechtfertigung seiner Handlung. Um sich jedoch wirklich rechtfertigen zu können, müßte er zeigen, daß seine Situation tatsächlich mit Situationen vergleichbar ist, die zu bestimmten Handlungen zwingen. Das aber bleibt Helmut schuldig. Erstens müßte er dann die Situationen, in denen es gerechtfertigt ist, einen Mitarbeiter zu entlassen, genauer beschreiben und zweitens müßte er zeigen, daß er in einer solchen Situation stand. Er rettet sich also durch eine vage allgemeine Regel und eine versteckte Analogie.

Abwehr

Am besten wehren Sie sich gegen eine Analogiefalle, indem Sie die behauptete Analogie bestreiten oder Sie zumindest in Frage stellen. Folgende Fragen können dabei helfen:

Sind die genannten Dinge oder Situationen wirklich in einer relevanten Hinsicht einander ähnlich? Oder gibt es wichtige Unterschiede?

Beispiel

Der Müllverbrennungsgegner hätte zum Beispiel so reagieren können: „Ihr Vergleich hinkt natürlich. Keine Kleider mehr zu tragen ist nicht vergleichbar mit meiner Position, Müll nach Möglichkeit zu reduzieren. Insbesondere hat der Vergleich auch nichts mit meiner Überlegung zu tun. Ich möchte Sie noch einmal dazu fragen: Müssen Sie als gewinnorientiertes Unternehmen nicht darauf achten, eine genügende Kapazitätsauslastung zu haben? Und heißt das nicht einfach, daß Sie immer genügend Müll benötigen und somit auch Müll in ausreichender Menge produziert werden muß?"

Am Rande bemerkt: Natürlich ist auch die Überlegung des Anlagengegners nicht ganz wasserdicht. Er unterstellt nämlich, daß eine genügende Kapazitätsauslastung nur erreicht werden kann, wenn kein Müll reduziert wird. Doch ist dieser Zusammenhang ja nicht zwingend. Schließlich ist es ja möglich, daß die Kapazitätsauslastung gewährleistet ist, auch wenn Müll reduziert wird. Eine Möglichkeit könnte auch sein, daß andere umweltbelastendere Müllverbrennungsanlagen abgeschaltet werden.

Schwarzfärberei

Eine gängige Argumentationsweise ist, auf die negativen Konsequenzen einer Position hinzuweisen. Da diese Konsequenzen nicht wünschenswert sind, so wird argumentiert, wäre es notwendig, die ursprüngliche Position abzulehnen. Dieser Argumentationsgang hat folgende schematische Gestalt: Wenn wir die Position P akzeptieren, müssen wir mit Folgen F rechnen. Die Folgen F sind inakzeptabel, also dürfen wir Position P nicht akzeptieren.

Der Manipulator kann sich diese Argumentationsweise zunutze machen, indem er die Position seines Gegners aufnimmt und ein Bild drastischer und düsterer Konsequenzen zeichnet, die sich aus dieser Position ergeben. Der Gesprächspartner soll dadurch so eingeschüchtert werden, daß er sich von seiner Position zurückzieht.

In den folgenden Beispielen wird mit der Taktik der Schwarzfärberei argumentiert:

Beispiele

Das Nasa-Weltraumzentrum hat dem amerikanischen Präsidenten gemeldet, daß möglicherweise mit einem schweren Meteoriteneinschlag auf der Erde zu rechnen ist. Das Einschlagsgebiet soll Nordamerika sein. Zeitpunkt: in zwei Tagen.

Die Berater besprechen sich mit dem Präsidenten. Sie geben folgende Empfehlung: „Wir sollten auf keinen Fall mit dieser Nachricht an die Öffentlichkeit gehen. Die Folge wäre nur eine entsetzliche Panik in der Bevölkerung. Hinzu kommt, daß wir gar nicht wissen, wo genau die Meteoriten runtergehen werden – wenn überhaupt."

Im folgenden Beispiel hat ein Unternehmen eine Mitarbeiterbefragung durchgeführt. Das Ergebnis ist für die Führungskräfte niederschmetternd. Fast jede Führungskraft wird in Ihrem Führungsverhalten negativ bewertet. Der Geschäftsführer möchte das Ergebnis der Befragung zurückhalten, obwohl den Mitarbeitern zugesagt wurde, sie über die Resultate zu informieren. Der Marketingleiter ist jedoch der Meinung, daß man Mut beweisen und die Ergebnisse publik machen sollte. Der Geschäftsführer ergreift das Wort: „Haben Sie eigentlich schon einmal überlegt, welche Konsequenzen wir damit möglicherweise heraufbeschwören? Wenn wir diese Daten veröffentlichen, wird sich eine dermaßen negative Stimmung verbreiten, daß sich niemand mehr in diesem Unternehmen wohl fühlen wird. Und unsere Führungskräfte werden so verunsichert, daß sie nicht mehr in der Lage sein werden, vernünftige Entscheidungen zu treffen. Das wollen Sie doch nicht ernsthaft riskieren?"

Abwehr

Drei Abwehrmöglichkeiten gegen diese Taktik haben sich bewährt:

- Sie nennen die Taktik beim Namen und machen so darauf aufmerksam, daß manipuliert wird. Der Manipulator wird dadurch möglicherweise gezwungen, seine Folgenabschätzung zu entschärfen, weil er selbst bemerkt, daß er zu „dick aufgetragen" hat.

- Sie zeigen, daß die genannten Konsequenzen gar nicht oder nicht notwendig aus der Position folgen; meistens sind nämlich die aufgezeigten Konsequenzen viel zu radikal, um realistisch zu sein. Außerdem versucht der Manipulator in der Regel, die Konsequenzen als zwangsläufige Folgen darzustellen, um seinem Argument die nötige Stärke zu verleihen. Wir wissen aber nur zu gut, daß es kaum eindeutig identifizierbare, zwingende Folgen gibt – vor allem nicht im Bereich menschlichen Verhaltens. Es existieren viel zu viele andere Variablen, die das Eintreten eines bestimmten Ergebnisses beeinflussen. Deshalb kann man bei der Abwehr von Schwarzfärberei auch darauf hinweisen, daß die kausalen Konsequenzen sich nicht notwendig aus der Position ableiten lassen.

- Sie kontern die Taktik, indem Sie die positiven Konsequenzen aufzeigen, die sich aus Ihrer Position ergeben. Diese positiven Konsequenzen überwiegen mögliche negative Folgen.

Im folgenden Beispiel wird die zuletzt genannte Abwehrmöglichkeit benutzt:

Beispiel

Der Marketingleiter reagiert auf die Taktik des Geschäftsführers folgendermaßen: „Ich sehe die Situation etwas anders. In meinen Augen kann die Veröffentlichung eine sehr positive Wirkung haben – wie ein reinigendes Gewitter. Durch die Veröffentlichung bleiben wir erstens unserem Wort treu und zweitens geben wir unserem Unternehmen die Chance, sich zu verbessern. Ich bestreite nicht, daß es zu einiger Unruhe kommen wird. Aber die Erneuerungschancen, die sich daraus ergeben, überwiegen meines Erachtens. Jeder im Unternehmen kann dann nämlich identifizieren, wo genau es bei uns hapert – die Grundvoraussetzung für Veränderungen. Ich bin daher dafür, daß wir das Ergebnis auf jeden Fall veröffentlichen. Besonders auch, weil wir sonst einen erheblichen Glaubwürdigkeitsverlust erleiden, wenn wir nicht halten, was wir versprochen haben."

Ist Ihnen aufgefallen, daß der Marketingleiter erstens eine Analogie benutzt, um seinen Standpunkt zu unterstreichen (reinigendes Gewitter), und zweitens zum Abschluß seiner Äußerung ebenfalls das Argument negativer Konsequenzen einsetzt (negative Konsequenzen, die sich aus der Nicht-Veröffentlichung des Befragungsergebnisses ergeben)?

Die Rutschbahntaktik

Die Rutschbahntaktik ist mit der Schwarzfärberei verwandt. Auch hier wird auf negative Konsequenzen hingewiesen. Der Gedankengang, der hinter dieser Taktik steht, ist folgender: Hat man erst einmal einen Schritt auf eine Rutschbahn gesetzt, gibt es kein Halten mehr, und die Situation läßt sich nicht mehr steuern.

Die Rutschbahntaktik wird auch „Lawinenargument" genannt. Lawinen können schon durch eine kleine Unachtsamkeit ausgelöst werden. Sie beginnen ganz sanft, reißen aber schließlich alles mit in die Tiefe. Die Angst vor solchen Kräften macht sich der Manipulator zunutze. Dabei startet er mit einem Vorschlag oder einem Standpunkt, der auf den ersten Blick vielleicht noch ganz vernünftig aussieht. Dann argumentiert er jedoch, daß durch diesen so harmlos scheinenden Vorschlag eine ganze Kette verhängnisvoller Konsequenzen ausgelöst wird, die schließlich in einen inakzeptablen Zustand münden. Daraus folgert er, der ursprüngliche Vorschlag müsse unbedingt abgelehnt werden.

Beispiel

Bei der Omega Electric wird überlegt, welche Preisstrategie zukünftig gewählt werden sollte. Ein Vorschlag ist, die Preise zu senken, um auf diese Weise mehr Käufer zu gewinnen und dadurch den Umsatz zu steigern. Katharina, Mitglied der Geschäftsleitung, ist gegen diesen Vorschlag: „Wenn wir jetzt die Preise senken, wird unser größter Konkurrent Alphamind mit Sicherheit nachziehen. Das wird dann nur der Auftakt dafür sein, daß auch andere Unternehmen unserer Branche Preissenkungen durchführen. Das Ergebnis ist ein ruinöser Preiskampf."

Die Rutschbahntaktik wird in der Regel dazu eingesetzt, um vor bestimmten Handlungen zu warnen oder gar den Opponenten einzuschüchtern.

Wer sich mit der Rutschbahntaktik konfrontiert sieht, sollte zunächst prüfen, ob der Manipulator tatsächlich den vom Gesprächspartner geäußerten Vorschlag benutzt hat, um daraus die unliebsamen Konsequenzen abzuleiten. Häufig werden nämlich die ursprünglichen Positionen etwas verzerrt (siehe Strohmanntaktik), um die negativen Folgen daraus herzuleiten.

Die zweite Sollbruchstelle einer Rutschbahntaktik liegt in der konstruierten Kausalkette. Ein Lawinenargument ist nur so stark, wie die behaupteten kausalen Verknüpfungen. Und gerade hier stellt der Manipulator oft kausale Beziehungen her, die sehr fragwürdig oder sogar unhaltbar sind.

Beispiel

Zwei Abteilungsleiter der Promex Constructa AG, Max und Franz, diskutieren, inwieweit Mitarbeiter in Entscheidungsprozesse einbezogen werden sollen. Max steht auf dem Standpunkt, daß man als Führungskraft in erster Linie allein die Verantwortung trägt und somit auch allein die Entscheidungen zu treffen hat. Er argumentiert weiter: „Stell Dir vor, ich würde tatsächlich anfangen, die Mitarbeiter das eine oder andere Mal bei Entscheidungen mitreden zu lassen. Ich würde dadurch nur die Erwartungen wecken, auch bei anderen Entscheidungen mitreden zu lassen. Das würde dazu führen, daß alle bei allen Entscheidungen dabei sein wollen. Kannst Du Dir das Chaos vorstellen? Wenn alle überall mitreden möchten, werden Entscheidungen immer zäher und zeitaufwendiger und am Ende wird vielleicht gar nichts mehr entschieden. Und dann leidet unsere Leistungsfähigkeit dramatisch."

Max verwendet die Rutschbahntaktik. Aus einem scheinbar harmlosen Schritt, der Einbeziehung der Mitarbeiter in einige wenige Entscheidungen, werden Chaos und Mißerfolg.

Abwehr

Der Schlüssel einer angemessenen Reaktion auf die Rutschbahntaktik liegt in der behaupteten Kausalkette. In den meisten Fällen sind die einzelnen Glieder nur sehr schwach verzahnt. Hier sollte man mit kritischen Fragen oder dem Aufbau einer Gegenposition ansetzen. Will man gegen eine Rutschbahntaktik kontern, empfiehlt es sich, das schwächste Glied in der Kette herauszugreifen.

So ist bei der Argumentation von Max aus unserem letzten Beispiel der Übergang von *Bei einigen Entscheidungen mitreden lassen* zu *Bei allen Entscheidungen mitreden wollen* sehr gewagt und angreifbar. An diesem Punkt setzt Franz in seiner Replik auf Max auch an:

Beispiel

Franz: „Ich glaube, du malst ein viel zu düsteres Bild. Ein Schritt ergibt sich aus dem anderen fast wie ein Naturgesetz. Aber das muß doch gar nicht so sein. Daß Mitarbeiter bei Entscheidungen mitreden wollen, führt nicht zwangsläufig dazu, daß sie bei allen Entscheidungen mitreden wollen. Außerdem ist noch gar nicht geklärt, was Mitreden-wollen überhaupt heißt. Es ist doch durchaus möglich, daß die Mitarbeiter nur um ihre Meinung gefragt werden möchten, ohne selbst entscheiden zu wollen."

Franz konzentriert sich in seiner Erwiderung auf die schwache Kausalkette, die Max aufgebaut hat. Außerdem verfolgt er noch eine andere Strategie: Er macht darauf aufmerksam, daß die Kausalbeziehungen, die Max beschreibt, nur sehr ungenau sind. Auch das ist ein möglicher Angriffspunkt bei der Rutschbahntaktik. Die benutzten Ausdrücke selbst sind viel zu vage, um eine klare Kausalbeziehung herzustellen. Dadurch entsteht ein breiter Interpretationsspielraum. Die von Max behauptete Kausalbeziehung versteckt sich hinter dieser Ungenauigkeit. Wenn wir versuchen, den Kausalzusammenhang zu präzisieren, stellt sich heraus, daß keine vernünftige Begründung existiert.

Die Präzisionsfalle

Ein beliebtes Manöver, um sich mit einer Argumentation durchzusetzen, ist, die Argumente mit statistischen Aussagen zu unterlegen. Auch hier lauert eine Falle – die Präzisionsfalle.

Bei der Präzisionsfalle werden vom Manipulator Zahlenangaben, zum Beispiel Prozentangaben, eingesetzt, deren Herkunft äußerst zweifelhaft ist. Die Zahlen suggerieren aber Exaktheit und wissenschaftliche Fundiertheit, die aufgrund der Fragwürdigkeit der Datenerhebung gar nicht eingelöst wird. Wenn statistische Aussagen benutzt werden, die gar nicht oder nur äußerst schwer verifiziert werden können, begeht der Manipulator den Fehler der falschen Präzision. Dieses Manöver kann den Gesprächspartner leicht verleiten anzunehmen, daß die vom Manipulator aufgestellte Aussage exakt die Wirklichkeit abbildet. Tatsächlich ist die Exaktheit eine Täuschung, von der man sich nur allzu leicht irreführen läßt. Man verbindet mit der Angabe genauer Zahlen Wissenschaftlichkeit, und vertraut auf ihre Autorität. Das Prestige und die Ästhetik einer präzisen Zahlenangabe verbürgen Seriosität und die Stichhaltigkeit des Arguments.

Beispiel

Inge, eine Unternehmensberaterin, in einem Gespräch mit dem Geschäftsführer von INTRIC: „Ich bin sicher, 80 % aller Schwierigkeiten in einem Unternehmen könnten gelöst werden, wenn die Führung sich mehr auf ihre eigentliche Aufgabe konzentrieren würde ...“

Wie kommt Inge zu der Zahl von 80 %? Die Zahlenangabe gaukelt eine Präzision vor, die auf keiner begründeten Basis steht, nur auf einer subjektiven, intuitiven Einschätzung. Potenziert wird der Fehler der falschen Präzision, wenn in der statistischen Aussage zusätzlich Begriffe vorkommen, die so ungenau sind, daß die statistische Aussage dadurch praktisch wertlos wird. Ein solch vager und ungenauer Ausdruck ist auch der Begriff „Schwierigkeit" in Inges Äußerung. Was meint sie eigentlich damit? Von welcher Art Schwierigkeiten ist die Rede?

Beispiel

Konrad setzt Herrn Müller die Pistole auf die Brust: „Herr Müller, Sie sprechen davon, den Rechtsweg einzuschlagen. Sie wissen wahrscheinlich gar nicht, daß in einem Fall wie Ihrem nur eine zehnprozentige Chance auf Erfolg besteht. Wenn Sie die Mühen bedenken, den Ärger und auch das Geld, das es Sie kosten wird, um diese Sache durchzustehen, frage ich mich, ob es nicht doch besser wäre, nach einer einvernehmlichen Lösung zu suchen."

Konrad benutzt eine statistische Aussage, um seinen Gesprächspartner unter Druck zu setzen. Es ist völlig unklar, wie Konrad zu dieser Zahl kommt und worauf er sich damit bezieht.

Abwehr

Um der Präzisionsfalle zu entgehen, sollten Sie Zahlenangaben kritisch hinterfragen und eine Begründung einfordern.

Beispiel

Herr Müller reagiert so auf Konrads Präzisionsfalle: „Sie sprachen gerade von einer zehnprozentigen Chance. Wie kommen Sie denn zu dieser Zahl?"

Die Autoritätstaktik

Bei der Autoritätstaktik bezieht sich der Manipulator in seiner Argumentation auf Autoritäten wie Experten, Fachleute, bekannte Persönlichkeiten oder Institutionen, um so seiner Position ein stärkeres Gewicht zu verleihen und seinen Standpunkt zu stützen. Je höher das Ansehen der zitierten Autorität ist, desto stärker ist der Unterstützungsfaktor für die Position des Manipulators.

Für sich betrachtet ist der Bezug auf Autoritäten nicht falsch, manchmal ist er durchaus vernünftig und akzeptabel: Jeder von uns ist bis zu einem gewissen Grad auf Ratschläge angewiesen, die wir von Fachleuten bekommen. Mein Anwalt rät mir zu einer einvernehmlichen Lösung zu kommen. Mein Arzt rät mir zu einer speziellen Untersuchung. Expertenmeinungen dienen dazu, Standpunkte und Behauptungen zu begründen. Das ist durchaus sinnvoll und legitim. Wir können schließlich nicht auf jedem Gebiet Experte sein. Der Manipulator nutzt diese allgemeine Anerkennung von Expertenmeinungen jedoch aus, um eine Autoritätsfalle zu konstruieren. Dabei kann er auf verschiedene Weise vorgehen:

Möglichkeit 1

Der Manipulator beruft sich auf einen vermeintlichen Experten, der in Wirklichkeit gar kein Experte auf dem Feld ist, um das es im Gespräch oder in der Diskussion geht.

Dieser Fehler ist ein typisches Phänomen der Medienwelt. Da werden Popstars, Schauspieler, Sportler – die sicherlich in ihren jeweiligen Tätigkeitsfeldern als Experten bezeichnet werden dürfen – zu Themen befragt, für die sie eigentlich keine Experten sind. Die Autorität dieser prominenten Persönlichkeiten gründet nicht auf speziellem Wissen, sondern auf ihrer Popularität. Diese Popularität verschafft ihnen allerdings großes Gehör in der Öffentlichkeit. Nicht umsonst werden prominente Personen als Meinungsführer betrachtet.

In folgendem Beispiel nimmt Max Bezug auf eine Autorität, um seinen Standpunkt zu stützen:

Beispiel

Für die Mendox AG geht es um die Frage, ob ein Werk in China errichtet werden soll. Max unterhält sich mit Klaus, dem Produktionschef.

Max: „Ich finde, wir sollten nach China gehen. Für uns ist das ein große Chance. Auch unser Finanzchef unterstützt diesen Plan."

Max bezieht sich auf den Finanzchef als jemanden, der den Plan, nach China zu gehen, unterstützt. Es ist alles andere als klar, inwiefern dadurch die Position von Max, daß es sinnvoll sei, in China zu investieren, gestärkt wird. Sicher kann es wichtig sein, den Finanzchef auf seiner Seite zu wissen, immerhin ist er für die Fragen der Finanzierung zuständig. Fragwürdig bleibt trotzdem, ob dadurch auch die Sinnhaftigkeit des Projekts gezeigt wird. Das Argument wäre stärker, wenn der Finanzleiter ein ausgewiesener China-Experte wäre; aber das wissen wir nicht. Im Moment sieht es eher nach einem Manipulationsmanöver von Max aus. Denn, wenn Klaus gegen den Standpunkt von Max opponieren möchte, so hat er – scheinbar – automatisch auch den Finanzchef gegen sich, obwohl der im Gespräch gar nicht anwesend ist. Das kann ein geschickter Schachzug des Manipulators sein.

Möglichkeit 2

Bei der zweiten Vorgehensweise der Autoritätstaktik ist der Bezug auf den Experten so vage, daß er entweder ganz unbekannt bleibt oder daß das Feld der Expertise unklar ist.

Dies geschieht in folgendem Beispiel:

Beispiel

Dr. Hanauer äußert sich auf einer Podiumsdiskussion zur Frage: „War der Euro eine Fehlentscheidung?"

Dr. Hanauer: „Die Einführung des Euro war und ist eine der wichtigsten und fruchtbarsten Entscheidungen, die je getroffen wurden. Mit dieser Meinung stehe ich nicht alleine da, eine ganze Reihe namhafter Wissenschaftler bestätigt diese Ansicht."

Dr. Hanauer bezieht sich hier auf namhafte Wissenschaftler. Es bleibt nicht nur ungenannt, um welche Wissenschaftler es sich handelt, es wird auch nicht geklärt, auf welchem Gebiet diese Wissenschaftler tätig sind.

Ein Bezug auf Experten oder Autoritäten kann ein hohes Maß an Überzeugungskraft entfalten. Denn wer gegenteiliger Meinung ist, muß im Grunde nicht nur dem Manipulator entgegentreten, sondern auch der Phalanx vermeintlicher Experten, die angeblich auf der anderen Seite stehen.

Abwehr

Testen Sie Autoritätsargumente durch folgende Fragen:

- Ist der zitierte Experte wirklich ein Experte auf dem Gebiet, um das es geht?

- Um welche Experten handelt es sich?

Fordern Sie eine zusätzliche Begründung ein, geben Sie sich nicht mit einem Bezug auf Experten als einzige Begründungsbasis zufrieden.

Beispiel

Klaus ist nicht in die Autoritätsfalle getappt. Er erwidert auf die Äußerung von Max: „Ich finde es gut, daß auch unser Finanzchef hier eine klare Position zu beziehen scheint und den Plan, nach China zu gehen, unterstützt. Aber welche davon unabhängigen Gründe sind für Dich ausschlaggebend, eine Investition in China zu empfehlen?"

Die Brunnenvergiftung

Die Brunnenvergiftung ist eine sehr radikale, manchmal auch plumpe Taktik. Der Manipulator benutzt sie, um die gegnerische Position von vornherein aus dem Rennen zu werfen und sich auf diese Weise einen Argumentationsvorsprung zu verschaffen. Dabei wird der Gesprächspartner in einer möglichen Gegenposition erschüttert, noch bevor er überhaupt ein Wort geäußert hat. Sollte jemand nun doch diese Position einnehmen, trinkt er aus einem vergifteten Brunnen – und das ist auch im besten Fall schon unangenehm.

Beispiele

„Wer wirklich ehrlich zu sich selbst ist, der wird sofort einsehen, daß die Behauptung, unser Anliegen sei nur profitorientiert, jeder Grundlage entbehrt."

„Niemand mit gesundem Menschenverstand wird ernsthaft den Standpunkt vertreten, daß wir unsere Firmenpolitik ändern sollten."

„Wem es wirklich um gemeinsame Ziele geht, der wird uns bei diesem Antrag unterstützen."

Sollten Sie gegen diese Meinungen opponieren wollen, riskieren Sie, als jemand dazustehen, der nicht ehrlich zu sich selbst ist, dem gesunder Menschenverstand fehlt oder der die gemeinsamen Ziele verrät.

Im nächsten Beispiel benutzt Lothar die Taktik der Brunnenvergiftung, um einen Konflikt zu unterdrücken.

Beispiel

Lothar zu seinen Mitarbeitern: „Nun lassen Sie mal die Kirche im Dorf. Halbwegs vernünftige Menschen werden doch aus dieser Sache keinen großen Konflikt machen ..."

Wer jetzt aufsteht und gegenteiliger Meinung ist, der scheint zu jenen Individuen zu gehören, denen Vernunft abgeht. Wer wird sich da noch trauen!

Das Faszinierende an dieser Taktik ist, daß der Gesprächspartner oder Opponent in seiner Position erschüttert wird, bevor er überhaupt das Wort ergriffen hat. Die gegnerische Position wird so „vergiftet", daß jeder, der diese Position einnimmt, sich selbst diffamiert.

Eine besonders geschickte Variante der Brunnenvergiftung finden wir bei folgender Vorgehensweise: Der Manipulator macht zuerst klar, daß alle anderen Standpunkte von Vertretern bestimmter Interessengruppen stammen, die allesamt eigennützige Motive verfolgen. Im zweiten Schritt deutet er an, daß die eigene Position absolut objektiv und frei von egoistischen Interessen ist. Sobald nun jemand auftritt, der eine andere Position vertritt, steht er unversehens als typischer Interessenlobbyist da.

Die Brunnenvergiftung wird als Taktik gern benutzt, wenn die eigene Position einer genaueren Untersuchung nicht standhält, wenn es um die eigene Sache also nicht zum besten steht und man einer Diskussion ausweichen möchte. Sie ist besonders wirkungsvoll, wenn die gegnerische Position der landläufigen Meinung entgegensteht. Eine geschickte Brunnenvergiftung kann in solch einem Fall die Korrektheit des gegnerischen Standpunkts verdecken.

Noch eines ist wichtig: Gegen eine Brunnenvergiftung aufzustehen bedeutet, viel Energie und Kraft zu investieren, um seine Position zu vertreten. Die Kluft zwischen den Positionen wird dadurch scheinbar vergrößert und damit auch das Konfliktpotential. Durch eine Brunnenvergiftung wird ganz nebenbei auch die Stimmung vergiftet, und da die meisten Menschen nach harmonischen und friedlichen Beziehungen streben, stehen sie nicht auf, um ihre Position zu verteidigen.

Abwehr

Bei besonders deutlichen und plumpen Fällen von Brunnenvergiftung empfehlen wir: Haben Sie Mut und trinken Sie aus dem Brunnen! Ignorieren Sie die Brunnenvergiftung, denn sie ist nur eine Illusion. Es wird Ihnen weniger passieren als Sie befürchten. Insbesondere dann, wenn Sie den Gesprächspartner auf echte Begründungen festnageln.

Beispiel

Max: „Niemand mit gesundem Menschenverstand wird heutzutage noch dafür plädieren, daß in unseren Schulen wieder eine Geschlechtertrennung eingeführt werden sollte."

Moritz: „Auch auf die Gefahr hin, daß mir gesunder Menschenverstand fehlt, bin ich doch der Meinung, daß einiges für eine Geschlechtertrennung spricht. Aber erkläre mir doch bitte, warum du eine Geschlechtertrennung für falsch hältst."

In weniger eindeutigen und versteckteren Fällen von Brunnenvergiftung

- markieren Sie die unfaire Taktik,

- stellen Sie kritische Fragen

- oder fordern Sie auf, echte Gründe zu nennen.

Beispiel

Gabi: „Also, wenn Du nur noch ein bißchen Verstand hast, dann weißt Du, daß es Unfug ist, in Deinem Alter noch den Motorradführerschein zu machen."

Ruth: „Was spricht denn dagegen, mit 50 noch Motorrad fahren zu wollen?"

Ruth reagiert auf Gabis Brunnenvergiftung mit einer Begründungsfrage. Dadurch schiebt Sie auf elegante Weise Gabi die Beweislast zu. Gabi kann sich nicht mehr hinter einer brunnenvergiftenden Formulierung verstecken.

Die Evidenztaktik

Bei der Evidenztaktik wird ein Sachverhalt als völlig klar und evident hingestellt, so daß sich jede weitere Diskussion und Argumentation im Grunde erübrigt. Die Taktik funktioniert nach folgendem Schema:

Es ist vollkommen klar, daß A wahr/richtig ist. Also muß A wahr/richtig sein.

Man sieht sofort, daß bei dieser Taktik eigentlich keine Begründung und Argumentation stattfinden. Sie wird angewendet, wenn der Manipulator sich seiner Beweislast entledigen möchte. Denn, wenn etwas völlig klar und evident ist, braucht man es auch nicht weiter zu diskutieren. Die besondere Wirkung der Evidenztaktik besteht darin, den Gesprächspartner in seinem Sachverstand und seiner Kompetenz herabzusetzen, wenn er etwas bezweifelt oder bestreitet, was doch offenkundig ist.

Der Manipulator setzt bei dieser Taktik häufig folgende Formulierungen ein:

- Es dürfte klar sein, daß …
- Jeder weiß doch, daß …
- Schon jedes Kind weiß, daß …
- Es kann nicht geleugnet werden, daß …
- Es ist ein unbestreitbares Faktum, daß …
- Da sind wir uns doch einig, daß …
- Es bedarf kaum einer Erwähnung, daß …

Am besten funktioniert die Taktik, wenn die Behauptung, die als sonnenklar hingestellt werden soll, ein gewisses Maß an Akzeptanz besitzt, wenn die Behauptung also zu den gängigen Meinungen gehört. Sie wird schwieriger anwendbar, wenn die dadurch geschützte Behauptung nur von einer Minderheit vertreten wird und eher exotischen Status hat.

Beispiel

Ein Software-Projekt bei Centaurus gerät ins Stocken. Es wird diskutiert, ob mehr Leute ins Team aufgenommen werden sollten.

Ruth: „Ich denke, jedem ist doch klar, daß dieses Projekt nur erfolgreich zu Ende gebracht werden kann, wenn wir noch mehr Leute ins Team aufnehmen."

Ob das wirklich jeder so sieht? Wer jetzt gegen Ruth opponiert, der riskiert, gegen etwas zu sein, was anscheinend jedem – außer ihm selbst – klar ist. Er bringt sich somit automatisch in eine „Minderheitenposition", und Minderheiten haben es bekanntlich schwerer, ihren Standpunkt zu vertreten.

Abwehr

Lassen Sie sich von schützenden Formulierungen und Redewendungen nicht beeindrucken. Behalten Sie Ihre kritischen Zweifel, falls Sie welche haben. Äußern Sie vorsichtig, aber bestimmt Ihre Bedenken und Zweifel.

Genau dies tut Karin im folgenden Beispiel:

Beispiel

Karin: „Es ist sicher ein naheliegender Gedanke, das Team aufzustocken, um dadurch das Projekt planmäßig beenden zu können. Ich habe jedoch vor kurzem eine Untersuchung gelesen, die gezeigt hat, daß die Hereinnahme von neuen Mitgliedern in ein Team überraschenderweise den gegenteiligen Effekt hat, nämlich eine Projektverzögerung. Was haltet Ihr davon, wenn wir uns diese Untersuchung noch einmal ansehen, bevor wir eine Entscheidung treffen?"

Möglich wäre auch, dem Manipulator eine Begründungsfrage zu stellen, um ihm so die Beweislast, die er ja loswerden wollte, wieder zuzuschanzen. Wieder hören wir Karin zu:

Beispiele

Karin: „Du sagst das so sicher, Ruth. Was sind denn die wichtigsten Gründe aus deiner Sicht, daß dies so klappen könnte, wie Du vorgeschlagen hast."

Ein weiteres Beispiel zeigt, wie mit einer Begründungsfrage die Evidenztaktik abgewehrt wird:

In einem Unternehmen soll ein neues Leistungs-Prämiensystem eingeführt werden. Abteilungsleiter Huber zu den anderen Abteilungsleitern: „Eines ist, glaube ich, völlig klar: Ein wirklich faires Prämiensystem wird sich sowieso nicht machen lassen. Irgendwo gibt es immer einen negativen Aspekt."

Herr Meier: „Warum glauben Sie das Herr Huber?"

Meier stellt Huber einfach eine Warum-Frage und schon befinden wir uns wieder im Begründungsspiel, bei dem Herr Huber jetzt die Aufgabe hat, seiner Beweislast nachzukommen.

Die Garantietaktik

Bei der Garantietaktik verbürgt der Manipulator die Richtigkeit seines Standpunkts. Er wirft sich mit seiner ganzen Glaubwürdigkeit ins Feld und benutzt Redewendungen wie:

- Ich kann Ihnen versichern, daß ...
- Sie können mir glauben, daß ...
- Ich bin absolut überzeugt, daß ...
- Für mich gibt es nicht den geringsten Zweifel, daß ...

Benutzt der Manipulator solche Redewendungen, gibt er gewissermaßen sein Ehrenwort. Er bürgt für die Richtigkeit der aufgestellten Behauptung. Auch die Garantietaktik wird eingesetzt, um einer Diskussion zu entgehen und sich der Beweislast zu entledigen. In diesem Fall gibt der Manipulator seine persönliche Garantie für eine Sache. Wer nach diesem Schachzug noch Zweifel oder Kritik anmeldet, der könnte den Eindruck erwecken, er wolle die Glaubwürdigkeit des Sprechers in Frage stellen. Die Taktik funktioniert besonders gut, wenn der Manipulator hohes Ansehen genießt oder eine Machtposition einnimmt. Vorgesetzte können diese Taktik in aller Regel sehr gut gegenüber ihren Mitarbeitern einsetzen.

Beispiel

Bei BetaCom geht es um die Einführung eines neuen Zielsystems.
Inge: „Ich finde, das Arbeiten mit Zielen hilft uns nicht weiter, solange die Führung nicht dahintersteht."

Helmut: „Eines ist doch völlig klar: Wir müssen uns verändern, und da ist jeder einzelne von uns gefragt. Ich versichere Ihnen, daß wir besonders unsere Zusammenarbeit durch dieses neue Zielsystem nachhaltig stärken werden."

Helmut benutzt im ersten Schritt die Evidenztaktik, um dann im zweiten Teil seiner Äußerung gleich die Garantietaktik nachzuschieben.

Abwehr

Am besten überlegen Sie sich eine geschickte Frage, durch die Sie dem Manipulator wieder die Beweislast zuweisen.

Paul versucht dies in folgendem Beispiel:

Beispiel

Paul ist neu bei Xworld. Er hat das Gefühl, von seinen Kollegen geschnitten zu werden. Immer wieder kommt es zu kleinen Streitereien. Paul sucht Unterstützung bei seiner Vorgesetzten Nina, die zu beschwichtigen versucht. Nina: „Ich versichere Ihnen, daß die Schwierigkeiten, die Sie im Moment mit Ihren Kollegen haben, nur die typischen Startprobleme sind." Paul: „Das freut mich, daß Sie die Angelegenheit noch positiv sehen können. Aber was macht Sie denn da so sicher?"

Durch seine Frage zielt Paul auf eine Begründung und Präzisierung. Er stellt die Glaubwürdigkeit von Nina nicht in Frage, sondern er gibt ihr das Signal: Erzähl mir mehr.

Die Traditionstaktik

Wer kennt ihn nicht, den berühmten Satz: „Das haben wir schon immer so gemacht und damit basta!" Nicht selten wird ein Sachverhalt als positiv oder richtig hingestellt, nur weil er schon lange Zeit Bestand hat. Etwas ist gut, eben weil es schon sehr alt ist.

Einige Beispiele veranschaulichen dieses Manöver:

Beispiele

Claudia argumentiert gegen die Einführung eines Konfliktmanagementsystems in ihrem Unternehmen: „Ich finde, wir sind bisher sehr gut ohne Konfliktmanagement ausgekommen. Wir haben unsere Probleme noch immer auf die eine oder andere Weise gelöst."

Klaus wehrt sich gegen eine neue Produktpolitik: „Wir haben immer diese Produktpolitik verfolgt und sind doch ziemlich erfolgreich damit gewesen, nicht wahr?"

Christoph ist gegen die Einführung eines neuen EDV-Systems: „Wir haben bisher nie mehr als 10 000 Mark pro Jahr für unser EDV-System ausgegeben. Wir waren sehr zufrieden, und alles hat funktioniert. Was soll uns die Einrichtung dieses neuen Systems also bringen außer zusätzlicher Kosten?"

Die Traditionstaktik wird in der Regel benutzt, um für die Aufrechterhaltung des Status quo einzutreten. Durch diese Taktik sollen Veränderungen abgewehrt werden. Sie ist eine typische Blockadetaktik.

Obwohl Veränderungen wichtig und notwendig wären, haben es diejenigen, die dies deutlich erkennen, oft schwer, mit ihren Ideen durchzudringen. Fast nichts ist für Menschen beängstigender als Veränderung, und gerade heutzutage, da allerorten permanenter Wandel gepredigt wird, sehnen sich viele Menschen nach Konstanz und Beständigkeit. Auf diesen Wunsch zielt der Manipulator mit der Traditionstaktik ab. Die Taktik ist besonders erfolgreich, wenn sie in Begriffe wie „Kontinuität" und „Vertrautheit" verpackt ist.

Natürlich steht Tradition für Erfahrung und Erfahrung auch für Wissen. Da aber die Welt sich ändert, kann das Beharren auf Tradition und Bewährtes schnell in eine Sackgasse münden – mit dem Ergebnis: lautes Wehklagen und der Spruch: „Wenn wir das nur früher gewußt hätten!"

Abwehr

Am besten reagieren Sie auf die Traditionstaktik mit kritischen Fragen oder mit Fragen, die konstruktiv nach vorn gerichtet sind. Zum Beispiel: „Gut, wir haben es bisher immer auf diese eine Weise gemacht. Aber wie könnten wir es sonst noch machen?"

Im nächsten Beispiel reagiert Jürgen geschickt auf Verenas Traditionstaktik:

Beispiel

Verena: „Wir haben seit der Gründung unseres Unternehmens kein Personalentwicklungskonzept gebraucht. Und es hat auch so funktioniert, oder?"
Jürgen: „Du sagst, es hat auch so funktioniert. Gut, aber welchen zusätzlichen Nutzen könnten wir denn aus einem solchen Konzept für unseren Betrieb ziehen?"

Jürgen versucht, durch eine Frage, die Aufmerksamkeit auf die positiven Aspekte eines Personalentwicklungskonzepts zu lenken. Auf diese Weise erhofft er sich, Verenas starres Beharren auf die Vergangenheit zu durchbrechen.

Die Tabuisierungstaktik

Die Tabuisierungstaktik wird benutzt, wenn man eine Diskussion bestimmter Standpunkte von vornherein vermeiden und ausklammern möchte. Die Standpunkte werden tabuisiert.

Das kann verschiedene Gründe haben: Man will die kostbare Zeit nicht mit vermeintlich unnützen Diskussionen vergeuden, man möchte einfach seine Position durchsetzen und mögliche Schwächen verschleiern. Die Tabuisierungstaktik ist eine autoritäre Taktik. Sie kann besonders wirkungsvoll von Personen verwendet werden, die eine starke Machtposition innehaben. Vor allem Vorgesetzte werden also zur Tabuisierungstaktik greifen.

Beispiele

Der Abteilungsleiter zu seinem Team: „Eins möchte ich gleich vorwegschicken. Wir werden uns auf keine Diskussion einlassen, die die Einstellung von Herrn Müller betrifft. Hier ist meine Entscheidung gefallen."

Der Geschäftsführer auf einer Strategieklausur zu den Workshopteilnehmern: „Möglicherweise werden einige noch einmal auf die Frage zurückkommen wollen, warum wir in den asiatischen Markt vordringen sollten. Ich möchte gleich zu Anfang betonen, daß ich eine Diskussion dieser Frage für unfruchtbar halte ..."

Wer die Tabuisierungstaktik benutzt wirft seine Autorität in die Waagschale. Dagegen aufzustehen und zu opponieren könnte als Versuch gewertet werden, die bestehenden Machtverhältnisse in Frage zu stellen.

Abwehr

Eine Reaktion auf die Tabuisierungstaktik erfordert natürlich viel Fingerspitzengefühl, weil Sie davon ausgehen können, daß der Manipulator aus nicht genannten, eigennützigen Motiven zu dieser Taktik greift. Wenn sich dieser dann auch noch in einer entsprechenden Machtposition befindet, riskieren Sie, daß diese Macht gegen Sie eingesetzt wird. Wenn Sie dennoch eine bereits ausgeschlossene Behauptung vertreten möchten, sollten Sie das sehr gut begründen können, zum Beispiel, indem Sie auf die positiven Effekte Ihrer Meinung hinweisen.

In den folgenden Beispielen versuchen Georg und Hanna jeweils auf eine Tabuisierungstaktik zu reagieren:

Beispiele

Eine Besprechung bei Beta-Royal, bei der es um die Planung der nächsten Verkaufsfördermaßnahmen geht.

Rüdiger: „Die Verkaufszahlen, die hier auf dem Tisch liegen, können nicht bezweifelt werden. Lassen Sie uns also diskutieren, welche Konsequenzen wir aus diesen Daten ziehen wollen."

Georg: „Die Zahlen scheinen in der Tat sehr einleuchtend zu sein. Ich habe jedoch einen Fehler in unserer Methode entdeckt, der möglicherweise unser ganzes Datenmaterial umstürzt. Kann ich Ihnen das vorstellen?" Rüdiger klammert zunächst einen bestimmten Punkt (die Gültigkeit des Zahlenmaterials) aus der Diskussion aus. Georg greift aber exakt diesen Sachverhalt auf. Der entscheidende Aspekt seines Vorgehens: Er gibt eine Begründung dafür, warum das vorgelegte Datenmaterial diskutiert werden sollte.

Die Geschäftsleitung der RBZ GmbH bespricht, wie man auf die jüngste Preissenkung durch die Konkurrenz antworten sollte.
Maya: „Wir brauchen gar nicht zu diskutieren, ob wir der Preissenkung unserer Mitbewerber folgen sollen oder nicht. Da müssen wir mitmachen. Es bleibt uns nichts anderes übrig."

Hanna: „Ich sehe da eine Möglichkeit, wie wir die für uns negative Preissenkung nicht mitzumachen bräuchten und doch konkurrenzfähig bleiben."

Durch Mayas Äußerung wird der mögliche Standpunkt, das Preisniveau beizubehalten, als nicht diskussionswürdig ausgeschlossen. Die Argu-

mentierenden nehmen sich dadurch die Option, neue Alternativen zu über-
legen und vor allem auch für diese Alternativen gute Gründe zu finden.
Hanna reagiert jedoch sehr elegant und geschickt, indem sie ein positives
Angebot macht.

Die Perfektionsfalle

Die Perfektionsfalle ist eine klassische Blockadestrategie. Dabei wird ein Vorschlag abgelehnt, weil er nicht perfekt ist, obwohl kein besserer Lösungsvorschlag in Sicht ist. Die Perfektionsfalle beruht auf dem *Fehlschluß der unerreichbaren Vollkommenheit.*

Beispiele

„Schatz, wie wollen wir denn dieses Jahr nach Rom fahren?" fragt Berta,
„also ich wäre ja fürs Fliegen." Guido, Bertas Freund, antwortet etwas zö-
gerlich: „Wir sollten nicht mit dem Flugzeug reisen. Man weiß nicht, ob es
wirklich sicher ist."

Guido lehnt Bertas Vorschlag ab, weil es keine absolute Sicherheit beim
Fliegen gibt. Aber welche Alternativen existieren? Auch Züge oder Autos
können in Unfälle verwickelt werden. Guido begeht den Fehlschluß der unerreichbaren Vollkommenheit.

Robert ist Unternehmensberater. Er versucht, seinen Kunden davon zu
überzeugen, daß es sinnvoll wäre, eine präzise Zukunftsstrategie zu entwickeln.

Kunde: „Sie sagen, wir brauchen eine Strategie. Aber wer garantiert uns,
daß wir durch diese Strategie wirklich erfolgreicher werden? Können Sie
uns das garantieren?"
Robert: „Natürlich nicht."
Kunde: „Sehen Sie."

Auch Roberts Kunde begeht den Denkfehler der unerreichbaren Vollkommenheit. Niemand wird garantieren können, daß eine Strategie so perfekt ist, daß automatisch ein wirtschaftlicher Erfolg eintritt.

In vielen Situationen steht uns keine perfekte Lösung zur Verfügung. Wir müssen vielmehr aus den uns gegebenen Möglichkeiten wählen. Jede dieser Optionen kann für sich genommen mit Defiziten behaftet sein. Man begeht einen Denkfehler, wenn man eine Alternative verdammt, weil sie nicht perfekt ist, obwohl keine bessere Lösung in Reichweite ist.

Wer perfekte Lösungen fordert, die alle Unwägbarkeiten ausschließen, verkennt die Realität. Wir haben immer nur mit begrenzten Möglichkeiten zu tun, die nie vollkommen sind, weil wir nicht alle Risiken ausschließen können. Könnten wir das, dann wären wir allmächtig. Tappen Sie also nicht selbst in diese Falle, und verlangen Sie keine perfekten Lösungen, wo dies unrealistisch ist.

Der Manipulator stellt die Perfektionsfalle auf, wenn er Vorschläge ablehnen oder Veränderungen verhindern möchte. Viele Vorschläge werden durch diese Taktik angegriffen, indem zum Beispiel geäußert wird, daß der Vorschlag im Grunde nicht weit genug geht, oder indem Veränderungen gefordert werden, die nicht erfüllbar sind und die jenseits der Kontrolle der Personen liegen, die den Vorschlag gemacht haben.

Abwehr

Sie können den Fehlschluß direkt ansprechen, oder Sie stellen eine geschickte, kritische Frage.

Beispiel

Konrad ist skeptisch gegenüber einem Qualitätssicherungssystem, das demnächst in seiner Abteilung eingeführt werden soll: „Es ist schön und gut, ein Qualitätssicherungssystem zu haben. Aber wer garantiert uns, daß dann keine Fehler mehr auftreten? Wie gewinnen wir die Sicherheit, daß wir wirklich keine Mängel mehr produzieren? Ein Qualitätssicherungssystem nach den ISO 9000 Normen kann uns das bestimmt nicht liefern."

Anna reagiert auf Konrads kritische Äußerungen: „Wir sollten nicht den Fehler begehen und das geplante Qualitätssicherungssystem zurückweisen, weil es möglicherweise nicht absolut perfekt ist. Welche bessere Alternative sehen Sie zu dem geplanten System?"

Anna lädt Konrad durch ihre Frage ein, darüber nachzudenken, welche bessere Lösung existiert. Dadurch macht sie noch einmal klar, daß es nicht darum geht, eine absolut perfekte Lösung zu suchen, sondern die beste der möglichen Alternativen zu wählen.

Die Irrelevanztaktik

Wenn man einen Standpunkt begründen möchte, ist man verpflichtet, echte Gründe aufzuführen. Die genannten Gründe müssen für den Standpunkt relevant sein. Wenn der Manipulator eine Begründung liefert, die mit seinem Standpunkt im Grunde nichts zu tun hat, dann wendet er die Irrelevanztaktik an. Diese Taktik ist ein typisches Ablenkungsmanöver.

Beispiel

Elke, ein Tennisprofi, wird gefragt, ob Leistungssport eigentlich irgendeinen Nutzen stifte. Sie antwortet: „Soll Leistungssport wirklich unnütz sein? Ich sage Ihnen eines. Wir arbeiten tagtäglich extrem hart an uns. Viele Stunden werden mit äußerst anstrengendem Training verbracht. Wir stehen dabei auch unter einem riesigen psychischen Druck. Deshalb braucht man eine enorme mentale Stärke."

Es mag alles richtig sein, was Elke vorbringt. Aber zeigt es, daß Leistungssport nützlich ist? Elke begründet irgendeine andere Position, aber nicht die, die eigentlich zur Debatte steht. In Argumentationssituationen sollten Sie sehr genau darauf achten, ob tatsächlich die Position begründet wird, die zur Diskussion steht, oder ob bewußt oder unbewußt ein Ablenkungsmanöver gestartet wird.

Die Irrelevanztaktik wird gern eingesetzt, wenn man sich einer Kritik oder einem Angriff ausgesetzt sieht. Das Entscheidende bei der Taktik ist, daß man den Eindruck erweckt, als sei man noch beim Thema. Deshalb wird der Manipulator so oft wie möglich die Begriffe benutzen, die zum Diskussionsgegenstand passen, um auf diese Weise den Anschein aufrechtzuerhalten, als spräche man noch von derselben Sache.

Abwehr

Wenn Sie Zweifel haben, ob die genannten Gründe Ihres Gesprächspartners wirklich relevant sind, dann bitten Sie Ihren Gesprächspartner am besten, seine Meinung noch einmal genau zu erläutern. Wenn er wieder dieselben zweifelhaften Gründe nennt, können Sie ihn durch eine kritische Frage auf die Irrelevanz aufmerksam machen und ihm gleichzeitig die Chance geben, seine Argumentation zu verbessern. Wird ganz bewußt ein Ablenkungsmanöver unternommen, sollten Sie versuchen, den Gesprächspartner deutlich auf das Thema oder die Frage zurückzuführen.

Natürlich sollten Sie aufpassen, nicht zu früh Ihre Kritik der Irrelevanz zu äußern, denn es könnte ja sein, daß es dem Gesprächspartner im Laufe seiner Ausführungen noch gelingt, einen Begründungszusammenhang herzustellen.

Folgendes Beispiel zeigt, wie man auf eine Irrelevanztaktik reagieren kann:

Beispiel

Harald: „Ich glaube, wir sollten der Empfehlung des Beratungsunternehmens folgen und ein eigenes Forschungs- und Entwicklungszentrum aufbauen. Denn wir alle wissen doch, ‚Innovation' ist das Zauberwort – gerade in unserer Branche."

Regina: „Natürlich ist Innovation in unserer Branche extrem wichtig. Aber inwiefern siehst Du einen Zusammenhang zum Aufbau eines eigenen Forschungs- und Entwicklungszentrums?"

Regina erkennt, daß der Aufbau eines eigenen Forschungs- und Entwicklungszentrums und die Wichtigkeit von Innovationen zwei verschiedene Dinge sind. Natürlich stehen beide in einem Zusammenhang. Aber es ist unklar, wie die Wichtigkeit von Innovationen die Notwendigkeit eines eigenen Forschungszentrums bedingt. Auf diesen Zusammenhang zielt auch Reginas Frage.

Der Angriff auf die Person

Der Gesprächspartner wird direkt angegriffen

Nicht selten wird der Gesprächspartner vom Manipulator direkt angegriffen, indem er Charakter, Vertrauenswürdigkeit oder die Motive des Gesprächspartners in Zweifel zieht. Es gibt zahlreiche Argumentationsformen, die mit Argumenten gegen die Person arbeiten. Sie sind eine besonders beliebte Variante, um einem Gesprächspartner das Recht abzusprechen, eine bestimmte Behauptung aufzustellen oder eine bestimmte Position zu vertreten. Der Manipulator kritisiert den Argumentierenden und nicht den Standpunkt, den er vertritt.

Hier einige typische Beispiele für diese Manipulationstaktik:

Beispiele

Nathalie: „Ich frage mich, warum ausgerechnet Sie sich so vehement dafür einsetzen, daß Herr Müller bleiben kann. Haben nicht gerade Sie darauf gedrungen, im letzten Jahr Frau Meier sofort zu entlassen."

Gustav: „Kein Wunder, daß die Produktion wieder gegen diesen Vorschlag ist. Die wehren sich doch gegen alles, was irgendwie fortschrittlich ist."

Hans: „Klar, daß Sie als Arbeitnehmervertreter gegen diese Lösung sind. Es könnte dadurch ja Ihr Einfluß verringert werden ..."

Argumente gegen die Person sind oft eine wirkungsvolle Waffe. In den meisten Fällen sind sie jedoch eine bloße Taktik, den Gesprächspartner aus dem Rennen zu werfen. Solche direkten

Angriffe stellen eine recht üble und unlautere Kategorie von Manipulationsmitteln dar. Hinter einem direkten Angriff steckt der Versuch, den Gesprächspartner als ernst zu nehmenden Diskussionspartner zu diskreditieren. Dahinter verbirgt sich die Überlegung: Wer als Person diskreditiert ist, besitzt keine Glaubwürdigkeit mehr.

Argumente gegen die Person werden vom Manipulator oft dann eingesetzt, wenn eine unbeteiligte dritte Partei am Gespräch teilnimmt oder ein Publikum zugegen ist. Durch diese Taktik zieht er die Sympathien des Publikums auf seine Position. Der Dialogpartner hat es oft äußerst schwer, sich aus der argumentativen Schlinge zu befreien, die ihm um den Hals gelegt wurde.

Beispiel

Walter versucht bei einer Besprechung, Egon, seinen Widersacher, aus dem Rennen zu schlagen: „Sie sagen, die neuen Verkaufszahlen sprechen dafür, ein paar neue Leute einzustellen. Warum sollten wir Ihren Zahlen vertrauen? Haben Sie uns nicht im letzten Jahr wichtige Zahlen verschwiegen?"

Walter zieht die Vertrauenswürdigkeit von Egon in Zweifel, ein massiver Vorwurf und Angriff auf die Person.

Um keine Mißverständnisse aufkommen zu lassen: Natürlich können in einer Argumentationssituation die Integrität einer Person und ihr Verhalten legitimer Gegenstand der Diskussion sein. Man denke nur an politische Debatten. Natürlich ist es uns wichtig, daß wir unseren Politikern vertrauen können.

Wir erwarten, daß sie ehrlich und integer sind und sich nicht korrumpieren lassen. Charakterliche Eigenschaften spielen hier also eine wichtige Rolle. Deshalb können in politischen Debatten Argumente gegen die Person durchaus eine wichtige Funktion haben.

Der Charakter einer Person kann für ein Argument also tatsächlich relevant sein. Doch dürfen Aspekte des Charakters auch wirklich nur dann zum Diskussionsgegenstand werden, wenn sie dafür auch von Bedeutung sind. Ist jemand als Justizminister geeignet, wenn er schon mehrere Meineide geschworen hat? Selbst wenn er sich eines Besseren besinnt, seine Glaubwürdigkeit wird von Anfang an erschüttert sein. Vertrauen wir einer Zeugenaussage, die von einem notorischen Lügner stammt? Im Gerichtssaal können Argumente gegen die Person ausschlaggebend sein. Sollte jemand für einen hochrangigen Posten ausgewählt werden, der schon öfter einen Mangel an Urteilskraft gezeigt hat oder der nur sehr langsam Entscheidungen trifft? Was muß eine Führungskraft auszeichnen, was kann sie disqualifizieren? Ob Charakterfragen relevant sind, hängt also vom Diskussionsgegenstand ab. Argumente gegen die Person sind also nicht immer illegitim.

Abwehr

Sie sollten versuchen, so schnell wie möglich auf die sachliche Ebene des Gesprächs zurückzukehren. Eine Möglichkeit ist, daß Sie den Kritikpunkt als irrelevant für die Diskussion markieren. So geht David im nächsten Beispiel vor:

Beispiel

Auf einem Workshop der Leitungskräfte von Omnitech macht David den Vorschlag, zwei Abteilungen zusammenzulegen, um so die Arbeit besser zu organisieren und stärker auf den Kunden auszurichten. Günter, ein Kollege, greift ihn an:

Günter: „Das ist doch Blödsinn, was Sie hier erzählen. Ausgerechnet Sie schlagen so schlaue Dinge vor. Dabei haben Sie mit Ihrer eigenen Firma Pleite gemacht."

David: „Ich glaube, der Punkt, den Sie hier ansprechen, hat nichts mit der Sache zu tun, die wir verhandeln. Uns geht es um die Frage, wie wir effektiver werden können und nicht darum, wie ich mein Unternehmen geführt habe. Welche stichhaltigen Einwände haben Sie denn?"

David versucht also, die Diskussion sofort wieder auf die sachliche Ebene zu bringen, indem er klarmacht, was der eigentliche Diskussionsgegenstand ist. Eine andere Möglichkeit für David wäre es gewesen, mit einer geschickten Frage zu reagieren, zum Beispiel: „Wie bringt uns Ihr Beitrag zu meiner Vergangenheit bei der inhaltlichen Lösung unserer Frage weiter?"

Sie können den persönlichen Angriff auch einfach ignorieren und auf der sachlichen Ebene weitermachen. Sehen wir uns dazu noch einmal das Beispiel an, bei dem Walter Egon angreift:

Beispiel

Walter: „Sie sagen, die neuen Verkaufszahlen sprechen dafür, ein paar neue Leute einzustellen. Warum sollten wir Ihren Zahlen vertrauen? Haben Sie uns nicht im letzten Jahr wichtige Zahlen verschwiegen?"

Egon: „Ich kann Ihnen meine Zahlen ausführlich erläutern, wenn Sie möchten. Legen Sie Wert auf eine Erläuterung?"

Egon entschließt sich, Walters persönlichen Angriff zu ignorieren und sofort zu den Sachthemen zurückzukehren. Er macht dazu das Angebot, sein Zahlenmaterial zu erklären. Auf diese Weise behält er die Initiative.

Der Gesprächspartner wird indirekt angegriffen

Neben dem direkten Angriff auf die Person kann man auch indirekt angegriffen werden. Diese Variante wird häufiger benutzt als der direkte Angriff, da sie den Anschein von Objektivität wahrt und nicht so leicht als Beleidigung aufgefaßt werden kann. Beim indirekten Argument gegen die Person zeigt der Manipulator einen Widerspruch auf zwischen dem Argument oder der Position einer Person und ihren Lebensumständen, Verhaltensweisen oder früheren Äußerungen. Indirekte Argumente gegen die Person können – gerade weil sie einen Schuß Sachlichkeit enthalten – sehr wirkungsvoll sein. Hier sind zwei Beispiele für indirekte Angriffe:

Beispiele

Ministerpräsident eines Landes: „Der Bund ist nicht in der Lage, die Finanzkrise in den Griff zu bekommen und ordentlich zu sparen."
Abgeordneter: „Bevor Sie den Bund kritisieren, sollten Sie in Ihrem eigenen Land die Situation in den Griff bekommen."

Auf einem Workshop bei TeGnosis kommt es zu einer verbalen Auseinandersetzung zwischen den Teamleitern Bauer und Schulz.
Bauer: „Ich bin der Meinung, ein echtes Feedbacksystem könnte uns in unserem Unternehmen nützlich sein. Ich stelle mir vor, daß sich die Führungskräfte regelmäßig von ihren Mitarbeitern beurteilen lassen."
Schulz: „Daß der Vorschlag ausgerechnet von Ihnen kommt, wundert mich. In Ihrem Team stimmt es doch überhaupt nicht. Ständig hört man von irgendwelchen Konflikten. Offensichtlich funktioniert das bei Ihnen gar nicht mit dem Feedback."

Frau Peter gibt Frau Loibl eine Empfehlung, wie sie mit dem Verhalten ihrer Tochter besser zurechtkommen könne: „Vielleicht sollten Sie Ihre Toch-

ter ihren eigenen Weg finden lassen und sie einfach machen lassen."
Frau Loibl: „Ich weiß nicht, wo Sie Ihre guten Ratschläge hernehmen. Ist
Ihre Tochter nicht von zu Hause weggelaufen?"

In all diesen Beispielen wird versucht, auf einen Widerspruch
in der Position des Gegenübers aufmerksam zu machen. Der
Ministerpräsident wird beschuldigt, die Probleme im eigenen
Land nicht im Griff zu haben. Schulz wirft Bauer vor, den Vorschlag gar nicht ernst zu meinen, da es in seinem Team er-
hebliche Konflikte gebe. Frau Loibl denkt, Frau Peter ist als
Ratgeberin nicht qualifiziert, weil sie selbst Probleme mit ihrer Tochter hat. Immer wird die Gültigkeit einer Behauptung
bezweifelt, indem man auf einen Widerspruch aufmerksam
macht.

Manipulationsmanöver, die mit solchen vermeintlichen Wider-
sprüchen arbeiten, sind nicht zu unterschätzen. Denn das indirekte Argument gegen die Person greift ihre Glaubwürdigkeit
an. Ist aber die Glaubwürdigkeit einmal dahin, geht auch Vertrauen verloren. Und wo das Vertrauen fehlt, besitzen die besten Argumente keine Überzeugungskraft mehr. Darauf spekuliert der Manipulator. Natürlich kann es sein, daß in der Position eines Gesprächspartners ein Widerspruch steckt. In den
meisten Fällen handelt es sich bei einem indirekten Angriff jedoch um keinen echten, sondern nur um einen fadenschei-
nigen Widerspruch. Das zeigt folgendes Beispiel:

Beispiel

Ein Jäger wird der Barbarei beschuldigt, weil er unschuldige Tiere nur zum
Zeitvertreib töte. Die Replik des Jägers darauf: „Warum essen Sie harm-
lose Tiere? Das ist doch das gleiche."

Der Jäger wirft seinem Diskussionspartner vor, sich in einen Widerspruch zu verwickeln. Diese Replik des Jägers aber ist reine Taktik. Der Jäger liefert kein Argument dafür, daß die Jagd zum Zeitvertreib akzeptabel sei. Statt dessen greift er die Position des Kritikers an. Aber ist die Kritik, die er vorbringt, legitim? Weist er tatsächlich einen Widerspruch in der Position des Kritikers nach? Sehen wir uns die einzelnen Aussagen genauer an. Der Kritiker beschuldigt den Jäger, Tiere nur zum Zeitvertreib zu töten. Welche Verhaltensweise klagt nun der Jäger an? Er attackiert die allgemeine Praxis, Fleisch zu essen. Aber zwischen der Gewohnheit, Fleisch zu essen und der Ablehnung der Jagd zum bloßen Zeitvertreib besteht sicherlich kein logischer Widerspruch. Die Replik des Jägers zielt also völlig daneben. Es besteht nur ein oberflächlicher, aber kein tatsächlicher Widerspruch in der Position des Kritikers.

Auch in der Position von Frau Bauer aus unserem Beispiel von oben steckt kein echter Widerspruch. Daß sie selbst Schwierigkeiten mit ihrer Tochter hat, steht nicht in Widerspruch zu ihrer inhaltlichen Empfehlung.

Abwehr

Das Beste ist, wenn Sie klarmachen, daß vom Gesprächspartner zwei verschiedene Dinge miteinander verwechselt werden. Es ist eine Sache, Fleisch zu essen und eine andere Sache, Tiere zum Zeitvertreib zu töten. Es ist eine Sache, daß die eigene Tochter von zu Hause wegläuft und eine andere Sache, wie Frau Loibl mit ihrer Tochter umgehen sollte. Machen Sie also klar, daß von unterschiedlichen Dingen die Rede ist und kein Widerspruch besteht.

Der Angriff auf die Unparteilichkeit

Auch der Angriff auf die Unparteilichkeit des Gesprächspartners ist eine Variante eines Angriffs auf die Person. Dabei
unterstellt der Manipulator seinem Gesprächspartner Voreingenommenheit. Die Kritik läuft darauf hinaus, daß man nicht
darauf vertrauen kann, daß der Gesprächspartner wirklich einen fairen Dialog führt, da er versteckten Motiven und heim-
lichen Interessen folgt, die ihn zwangsläufig auf eine bestimmte Position festlegen. Aufgrund seiner Interessenlage
kann der Gesprächspartner somit unmöglich objektiv sein.

Hier ein Beispiel für diese Taktik:

Beispiel

Bei einer Gemeinderatssitzung der Gemeinde Krumpholzmaning:
Max: „.... Ich glaube auch, es wird höchste Zeit, daß wir uns um die Er-
schließung des Auviertels kümmern und es als Bauland ausweisen. Das
kann unserer Gemeinde nur gut tun."

Maria: „Daß Du diesen Vorschlag unterstützt, wundert mich nicht. Du hast
doch dort selbst ein Grundstück, oder?"

Maria wirft Max versteckte Motive vor, für eine bestimmte
Seite zu argumentieren. Sie stellt seine Fairneß und Objektivität in Frage. Dieses Manöver ist in vielen Fällen eine unfaire Taktik. Max besitzt möglicherweise gute Gründe für seinen
Standpunkt. Diese Gründe sollte man von ihm einfordern.
Statt dessen unterstellt Maria Max sehr eigennützige materi-
elle Interessen. Doch selbst wenn Max einen wirklichen Nutzen davon hätte, wenn das Auviertel als Bauland ausgewie-
sen würde und er somit natürlich auch private Interessen dar-

an hätte, folgt daraus noch nicht zwangsläufig, daß seine Position nicht haltbar ist und er somit von der Diskussion ausgeschlossen werden sollte.

Vielleicht wollte Maria andererseits auch gar nicht erklären, daß der Standpunkt von Max wertlos ist, sondern nur, daß man im Auge behalten sollte, daß Max in einen Interessenkonflikt geraten könnte.

Abwehr

Versuchen Sie auf der sachlichen Ebene des Gesprächs weiterzumachen. Leugnen Sie nicht, was nicht zu leugnen ist. Wenn man bestimmte Interessen hat, dann kann man sie in der Regel auch zugeben. Daraus folgt nämlich nicht, daß einem nur daran gelegen ist, seine eigenen Interessen durchzusetzen. Aus der Tatsache, daß man Interessen hat, folgt noch keine Voreingenommenheit. Ein guter Verhandler wird immer nach Lösungen Ausschau halten, bei denen die Interessen aller Beteiligten berücksichtigt werden.

Beispiel

Wie hätte Max auf Maria somit reagieren können? Eine Möglichkeit wäre folgende Äußerung: „Natürlich habe ich dort ein Grundstück, und natürlich hätte ich auch einen Nutzen davon, wenn wir das Gebiet als Bauland ausweisen. Ich habe jedoch davon unabhängige Gründe, die für meinen Standpunkt sprechen. Drei davon kann ich ja z. B. mal nennen ..."

Max versucht, wieder eine sachliche Atmosphäre zu schaffen, indem er sofort zugibt, was nicht abgestritten werden kann. Sein Trumpf ist Ehrlichkeit. Natürlich könnte er den Ball auch mit gleicher Stärke zurückspielen, indem er seine Gesprächspartnerin gleichfalls der Voreingenommenheit bezichtigt. Dann hätte er sich vielleicht so geäußert: „Klar, daß Ihr Naturschützer mit solchen Unterstellungen arbeitet. Ihr seid ja am Fortschritt unserer Gemeinde überhaupt nicht interessiert. Euch wäre es doch am liebsten, wenn wir uns zurück ins letzte Jahrhundert entwickeln würden." Eine rationale Diskussion wird nach dieser Äußerung aber kaum mehr stattfinden. Die Diskussion würde eher in ein fruchtloses Streitgespräch münden.

Obwohl es manchmal vernünftig ist, die Objektivität von Personen in Frage zu stellen, ist es gefährlich, dem Dialogpartner zu unterstellen, seine Argumente und Überzeugungen seien hoffnungslos dogmatisch und voreingenommen. Auf diese Weise wird jeder Dialog beendet. Die Folge sind Emotionalisierung, Frustration und der Wunsch, es dem Gegner heimzuzahlen.

Die Prinzipienfalle

Fakten zu ignorieren, weil sie unseren heiligen Prinzipien entgegenstehen, ist ein Denkfehler. Die Prinzipienfalle arbeitet jedoch mit eben diesem Fehler: Tatsachen werden ignoriert oder verneint, weil sie Prinzipien oder festen Überzeugungen widersprechen, an denen man unbedingt festhalten möchte. Dieser Denkfehler heißt *Fehlschluß der Faktenverneinung*.

Unsere Prinzipien und Überzeugungen sollten jedoch immer an der Realität getestet werden und nicht umgekehrt. Wenn

Tatsachen unseren allgemeinen Anschauungen widersprechen, müssen wir sie in der Regel eben ändern.

Beispiel

Bei SenTex wurde ein neues Produktentwicklungsteam zusammengestellt.
Die beiden Teamleiter, Andreas und Franz, unterhalten sich darüber, wie
die Zusammenarbeit im Team bisher läuft. Beide stellen fest, daß man bisher sehr zufrieden sein kann. Das Team arbeitet wirklich gut zusammen.
Franz ist jedoch noch etwas skeptisch. Er glaubt, daß nach der klassischen
Teamtheorie noch eine Spannungsphase – Storming-Phase genannt – eintreten muß, bevor eine wirklich fruchtbare Zusammenarbeit entstehen
kann.

Franz: „Ich glaube, die Gruppe muß erst eine Storming-Phase durchlaufen,
bis sie wirklich gut zusammenarbeiten kann."

Andreas: „Aber die Gruppe arbeitet doch schon erfolgreich. Schon nach
zwei Tagen hat sie einen kompletten Projektplan erarbeitet."

Franz: „Das ist nur oberflächlich betrachtet so, es wird sich noch ändern.
Das wirst du schon sehen."

Franz betrachtet die Welt mit seiner Theorie im Hinterkopf. Da die Fakten der Theorie zu widersprechen scheinen, ändert Franz nun nicht die
Theorie, sondern die Welt: Die Welt ist nicht wirklich so, wie sie uns
scheint.

Oft ist es vernünftig, an einem Prinzip oder einer Überzeugung festzuhalten, auch wenn es eine widersprechende Tatsache gibt. Allerdings muß dann nach einer Erklärung
gesucht werden, warum das Faktum das Prinzip nicht wirklich widerlegt. Verkehrt wäre es jedoch, Prinzipien oder allgemeine Überzeugungen generell nicht an den Tatsachen zu
messen.

Die Prinzipienfalle wird oft dann eingesetzt, wenn man der Realität einfach nicht ins Auge blicken möchte. Oft ist sie Ausdruck purer Hilflosigkeit. Geschickt wird sie angewandt, wenn die Tatsachen nicht direkt geleugnet, sondern so uminterpretiert werden, daß gezeigt werden kann, daß sie nicht das sind, was sie zu sein scheinen. Dieses Manöver versucht Hans im folgenden Fall anzuwenden:

Beispiel

Hans ist der Meinung, daß es im Abteilungsteam einen tieferliegenden Konflikt geben muß. Peter, sein Kollege, erklärt: „Aber alle haben geäußert, daß sie keinen solchen Konflikt sehen." Darauf sagt Hans: „Gerade das zeigt doch, daß es da einen Konflikt gibt."

Hans deutet die Tatsachen (hier: die Äußerung der Teammitglieder, daß kein Konflikt existiere) so, daß sie zu seiner Überzeugung passen. Auf diese Weise könnte man beliebige Standpunkte rechtfertigen. Will man beispielsweise für die Position eintreten, daß Entwicklungshilfe unter allen Umständen absolut notwendig ist, hätte man mit folgender Argumentation leichtes Spiel: Zeitigt die Entwicklungshilfe positive Effekte, ist hinreichend bewiesen, daß sie gebraucht wird. Bleiben die Erfolge dagegen aus, zeigt das nur, daß mehr Entwicklungshilfe erforderlich ist.

Abwehr

Nennen Sie die Taktik beim Namen, um deutlich zu machen, welches Manöver der Manipulator gerade versucht.

So reagiert Erich im folgenden Beispiel:

Beispiel

Erich: „Es gibt eine Reihe von Anzeichen, daß es in Asien zu Währungsturbulenzen kommen könnte."

Günter: „Es ist trotzdem gut und richtig, in Asien zu investieren. Wir lassen uns nicht mürbe machen."

Erich: „Günter, wir sollten aufpassen, nicht den Fehlschluß der Faktenverneinung zu begehen. Du weißt selbst, wie leicht es passieren kann, an der Realität vorbei zu handeln. Laß uns doch die Tatsachen noch einmal prüfen."

Emotionale Appelle

Besonders wichtige Verbündete für den Manipulator sind Gefühle und Emotionen. Wenn der Manipulator Emotionen nutzt, um seinen Standpunkt durchzusetzen, dann sprechen wir von emotionalen Appellen. Dieser Einsatz ist oft illegitim, vor allem dann, wenn emotionale Appelle das einzige Mittel darstellen, um einen bestimmten Standpunkt zu stützen oder einen anderen aus dem Feld zu schlagen. Der emotionale Appell soll den Gesprächspartner dazu bringen, eine bestimmte Behauptung zu akzeptieren oder abzulehnen. In solchen Fällen findet keine echte Überzeugung statt. Vielmehr wird eine mächtige Beeinflussungsstrategie gewählt, die den Gesprächspartner oder den Adressaten in eine bestimmte Richtung drängen soll.

Gefühle spielen in unserem Leben eine wichtige Rolle. Sie sind ausschlaggebend dafür, daß wir Entscheidungen treffen und daß wir handeln. Rationale Gründe und Vernunft zeigen uns die Richtung, in die unser Handeln münden könnte. Gefühle sind die Motivatoren, die uns schließlich zum konkreten Handeln bewegen.

Diese Macht der Emotionen setzt der Manipulator ein. Dabei steht ihm die gesamte Bandbreite emotionaler Empfindungen zur Verfügung: Mitleid, Furcht, Solidarität, Neid, Haß, Stolz, Gleichmaß usw. Der Manipulator zielt mit seinen emotionalen Appellen auf die Instinkte seines Gesprächspartners. Es geht ihm darum, kritisches Denken außer Kraft zu setzen, um seiner Sichtweise zur Durchsetzung zu verhelfen.

Wir werden uns einige typische Beispiele für emotionale Appelle ansehen: populäre Gefühle, Solidaritätsgefühle, Furcht, moderate Gefühle, Appelle an die Fairneß und Mitleid.

Appell an populäre Gefühle

Der Appell an populäre Gefühle ist eine typische Methode der Werbebranche. Es werden Emotionen und Meinungen wachgerufen, die in der Bevölkerung weite Zustimmung finden. Man appelliert an Gefühle, von denen man weiß, daß sie auf die Bedürfnisse der meisten Menschen antworten. Denken Sie nur an die Werbeszenen, in denen die glückliche Familie um den festlich gedeckten Sonntagstisch versammelt ist und herrlich duftenden Kaffee genießt.

Beim Appell an populäre Gefühle spricht der Manipulator gezielt eine Emotion an, von der er weiß, daß sie bei seinem Gegenüber offen oder latent vorhanden ist.

Beispiel

Auf einem Workshop versucht Konrad, die Teilnehmer auf seine Seite zu ziehen: „Ich glaube, wir hätten die Probleme nicht miteinander, wenn uns unsere Führung klarere Richtlinien geben würde. Die da oben sind es doch, die uns diese Suppe hier immer wieder einbrocken."

Konrad spricht aus, was viele denken, nämlich daß die Führung im Grunde an ihrer Misere Schuld ist. Konrad nutzt diese allgemeine Einstellung für seine Position aus.

Appell an das Solidaritätsgefühl

In engem Zusammenhang mit populären Gefühlen steht der Appell an das Solidaritätsgefühl. Dabei versucht der Manipulator, Gefühle der Solidarität zu wecken und ein Wir-Gefühl zu erzeugen, mit dem er sein Gegenüber auf seine Seite ziehen will.

Beispiel

Dieter möchte Sonja dafür gewinnen, ihn bei der nächsten Budgetplanung zu unterstützen: „Schauen Sie, Sonja, wir sitzen doch im Grunde im selben Boot. Sie möchten erfolgreich in Ihrer Abteilung sein, und ich natürlich auch. Beide haben wir oft mit Entscheidungen zu tun, die wir eigentlich nicht nachvollziehen können ..."

Dieter ebnet den Weg durch einen Appell an das Solidaritätsgefühl. Er spekuliert darauf, sich auf diese Weise Sonjas Wohlwollen und Unterstützung zu sichern.

Appell an die Furcht

Furcht ist eine wichtige Emotion. Aus Angst sind Menschen bereit, Dinge zu tun, die sie sich vorher nicht zugetraut hätten. Beim Argumentieren oder Verhandeln werden die Gefühle der Angst oft durch drastische Beispiele untermauert und auf diese Weise bewußt verstärkt.

Beispiele

Kurt möchte Helmer zur Kooperation bewegen: „Ich hoffe, Ihnen ist klar, daß wir im Grunde nur am Tropf unserer Muttergesellschaft hängen. Wenn wir nicht erfolgreich sind, nun ja ... es gibt Überlegungen, die Firma aufzulösen, und was das bedeutet, brauche ich Ihnen wohl nicht zu sagen. Sie sollten in diesem Quartal unbedingt die Umsatzziele erreichen."

Kurt setzt auf Angst, um seinen Gesprächspartner auf seine Seite zu ziehen. Furcht kann auch als versteckte oder offene Drohung eingesetzt werden:

Berthold: „Ich hoffe, Euch ist klar, daß keiner Eurer Arbeitsplätze wirklich sicher ist. Wer also die anstehenden Veränderungen nicht mitmachen will, sollte sich das gut überlegen!"

In diesem Beispiel arbeitet Berthold mit einer versteckten Drohung. Der Sprecher setzt gezielt auf die Angst der Mitarbeiter, ihren Arbeitsplatz zu verlieren. Jedes kritische Fragen wird damit unterbunden. Aber sehr wahrscheinlich erlischt auch das Engagement der Mitarbeiter für die anstehenden Aufgaben.

Appell an moderate Gefühle

Eine ganz besondere Taktik ist es, wenn dafür appelliert wird, keine Extreme zu verfolgen, sondern einen ausgeglichenen Mittelweg zu gehen. „Moderato" heißt das Motto. Für das Moderate ist der Gesprächspartner besonders dann empfänglich, wenn er sich für sehr rational und vernünftig hält. Man glaubt, daß die Wahrheit in der Ruhe und im Mittelweg liegt. Diese Taktik wird oft durch Wendungen begleitet wie: „Wir sollten hier vernünftig vorgehen ..."

Beispiel

Ein Top-Manager wird gefragt, ob der Staat stärker in das Marktgeschehen eingreifen sollte. Er antwortet: „Wissen Sie, das eine Extrem repräsentieren diejenigen, die eine starke Industriepolitik fordern, das andere Extrem jene, die mehr freien Wettbewerb verlangen. Wie immer liegt die Wahrheit in der Mitte. Wir müssen eine vernünftige Politik betreiben: Wir brauchen eine ausgewogene Balance zwischen einer intelligenten Industriepolitik und einem sich selbst regulierenden Markt."

Die Wahrheit liegt also in der Mitte. Aber wo ist das genau? Und warum ist das so?

Appell an die Fairneß

Die meisten Menschen möchten fair sein und integre Ziele verfolgen. Für den Manipulator also ein probates Mittel, um seine Position zu stärken. Es wird relativ häufig an diesen Wunsch, fair und integer zu sein, appelliert.

Beispiel

Norbert: „Frau Meier, ich kenne sie ja jetzt schon sehr lange. Und ich weiß, daß Ihnen immer daran liegt, eine faire und gerechte Lösung zu finden. Lassen Sie uns doch auch dieses Mal wieder so vorgehen. Mein Vorschlag wäre daher, daß Sie Ihr Lösungsmodell zunächst noch einmal zurückziehen und wir gemeinsam überlegen ..."

Ob Frau Meier so viel Stehvermögen besitzt, diesen emotionalen Appell zu ignorieren?

Appell ans Mitleid

Mitleid ist ein starkes Gefühl, das uns sehr oft zum Handeln bewegt. Doch beim Argumentieren und Verhandeln wird es schnell irreführend, mit Appellen an das Mitleid einen Standpunkt zu begründen.

Beispiel

Lydia hat Schwierigkeiten mit Frau Müller. Sie geht zu ihrer Vorgesetzten, Karin, um diese zu bitten, sich des Konflikts anzunehmen.

Karin: „... Sie sagen, Sie kommen mit Frau Müller nicht aus. Aber verset-
zen Sie sich mal in ihre Lage: Sie hat drei Kinder zu versorgen, ist allein-
stehend und Sie wissen, daß ihr Gehalt auch nicht so toll ist, da sie ja nur
halbtags arbeitet. Die Frau muß schauen, wie sie über die Runden kommt.
Da kann man doch verstehen, daß ihre Nerven blank liegen und sie hin und
wieder unangemessen reagiert."

Karin appelliert hier ganz deutlich an Mitleidsgefühle, um zu beschwichtigen.

Abwehr

Der wichtigste Schritt ist zu erkennen, daß mittels emotiona-
lem Appell versucht wird, Sie zu etwas zu bewegen. Sie können durch kritisches Fragen den Gesprächspartner dazu auf-
fordern, sachliche Gründe anzuführen. Selbstverständlich
könnten Sie die Taktik auch ignorieren und weitermachen,
oder die Schallplatte mit Sprung auflegen, also Abwehrmethoden wählen, die wir Ihnen im ersten Teil dieses Buchs vorgestellt haben.

Sie können auch die Taktik beim Namen nennen, sollten aber
das angesprochene Gefühl ernstnehmen – so wie Katharina
im nächsten Fall:

Beispiel

Monika appelliert an Mitleidsgefühle: „Wenn wir Herrn Peter jetzt entlassen, wird er vielleicht keinen neuen Arbeitsplatz mehr finden. Immerhin ist
er schon 55 Jahre alt. Er hat eine kranke Tochter zu Hause, und seine Frau
ist vor kurzem gestorben. Obwohl er aktiv Mobbing gegen Kolleginnen betrieben hat, sollten wir ihm noch eine Chance geben."

Katharina: „Natürlich ist Mitleid wichtig. Aber wir sollten eine Entscheidung nicht auf Mitleid gründen, sondern auf zwingende Gründe. Herr Pe-

ter war die entscheidende Person in der Mobbing-Affäre. Wir müssen unsere Mitarbeiter schützen. Daher müssen wir Herrn Peter so schnell wie möglich entlassen – auch wenn uns das nicht leichtfällt."

Katharina spricht den emotionalen Appell an und bringt gleichzeitig Gründe für ihren Standpunkt, daß Herr Peter nicht weiter im Unternehmen beschäftigt werden sollte.

Emotional gefärbte Begriffe einsetzen

Die Worte, die Sie benutzen, färben Ihre Argumente. Nur durch die Wahl Ihrer Worte können Sie Ihre inhaltliche Argumentation unterstützen und die Ihres Gesprächspartners unterminieren. Wer etwas Positives ausdrücken möchte, spricht anstelle von „Kosten" von „Investitionen", anstelle von „Problemen" von „Situationen" oder „Herausforderungen", anstelle von „Fehlern" von „Verbesserungspotentialen", anstelle von „Krisen" von „Lernchancen". Wer Dinge eher ins Negative rücken möchte, spricht nicht von „Lernchancen", sondern von „Krisen", anstelle von „Herausforderungen" von „Katastrophen", anstelle von „konstruktiven Vorschlägen" von „unausgegorenen Ideen" usw.

Diese Macht der Worte nutzt der Manipulator aus. Wörter können die Argumentation in ein bestimmtes Licht rücken, so daß die inhaltliche Qualität der Argumente aus dem Blickfeld gerät. Sehen Sie sich folgende Beispiele an:

Beispiele

Egon: „Wir sollten in unserem Unternehmen kein Reengineeringprogramm starten. Das ist doch nur wieder eine dieser Managementmoden, die aus Amerika importiert wurden."

Egon ist gegen ein Reengineeringprogramm. Das ist seine zentrale Behauptung. Er begründet diese Behauptung damit, daß es sich dabei um eine jener Managementmoden handelt, die aus Amerika importiert werden. Das Reizwort ist der Ausdruck „Managementmode". Die Verwendung impliziert, beim Reengineering handle es sich um keine substantielle Methode, die Erfolg verspricht, sondern lediglich um eine neue, kurzlebige Modeerscheinung. Dieses Reizwort dominiert das gesamte Argument. Wenn jemand auch nur ansatzweise in eine ähnliche Richtung denkt wie Egon, wird er die zentrale Behauptung sofort unterschreiben. Im Grunde wird durch die Verwendung von negativen Ausdrücken jede Argumentation unterbunden.

Auch im folgenden Fall wird versucht, durch einen emotional gefärbten Ausdruck den eigenen Standpunkt zu untermauern:

Rudi zu seinen Arbeitskollegen: „Es bringt doch nichts, wenn wir schon wieder eine neue Arbeitsgruppe bilden. Da findet doch nur nutzloses Palaver statt."

Ist das ein gutes Argument gegen die Einrichtung einer Arbeitsgruppe? Daß in solchen Arbeitsgruppen nur nutzloses Palaver stattfindet, ist der einzige Grund, den Rudi anführt. Aber das ist reine Polemik. Wenn Rudis Kollegen Arbeitsgruppen auf ähnliche Weise einschätzen, wird er jedoch dankbare Anhänger finden.

Wörter besitzen „Überzeugungsenergie", die sich auf das gesamte Argument übertragen kann. Achten Sie daher darauf, ob in einem Argument Ausdrücke vorkommen, die allein aufgrund ihrer polemischen Kraft eine Konklusion zu stützen versuchen.

Abwehr

Entweder Sie stellen eine kluge Frage, durch die Sie den Gesprächspartner wieder auf eine sachliche Schiene lenken, (Frage an Rudi: „Was könnte man tun, um ‚nutzloses Palaver', wie Sie sagen, zu verhindern?") oder Sie weisen darauf hin, daß der von Ihrem Gesprächspartner benutzte Ausdruck auf die Situation nicht zutrifft. (Reaktion auf Rudi: „Sie haben völlig recht. Es sollte verhindert werden, daß in Arbeitsgruppen ineffektiv diskutiert wird. Das aber können wir ohne weiteres erreichen, wenn wir ...")

Die Strohmanntaktik

Bei der Strohmanntaktik geschieht folgendes: Dem Gesprächspartner wird ein fiktiver Standpunkt unterstellt, oder sein Standpunkt wird verzerrt oder übertrieben. Der fiktive oder veränderte Standpunkt ist dann ein leichter Gegner, der vom Manipulator mühelos niedergestreckt werden kann.

Vor allem in Pro-und-Kontra-Diskussionen werden Strohmänner gebaut. Dabei entsteht diese Taktik oft nicht einmal absichtlich. In vielen Fällen kommt es dazu, weil man den Standpunkt des Gesprächspartners entweder nicht genau begriffen oder dem Gesprächspartner nicht richtig zugehört hat. Besonders erfolgreich ist dieses Manöver dann, wenn der Gesprächspartner, dem ein bestimmter Standpunkt unterstellt wird, nicht anwesend ist.

Es gibt eine sehr raffinierte Variante, dem Gesprächspartner einen fiktiven Standpunkt anzudichten: Der Manipulator trägt eine gegenteilige Ansicht sehr betont und dezidiert vor. Indem er die Behauptungen gezielt unterstreicht, hört es sich so an, als würde der Gesprächspartner das Gegenteil vertreten. Genau dieses Manöver vollzieht ein Diskussionsteilnehmer im nächsten Beispielfall:

Beispiel

Politiker A: „Ich finde, wir brauchen mehr Mut, schwierige Fragen offen zu diskutieren."

Politiker B: „Meine Kollegen und ich stehen da mehr auf dem Standpunkt, daß es oberste Priorität sein muß, wieder einen klaren Konsens in unserer Gesellschaft herzustellen."

Wenn der Gesprächspartner (Politiker A) nicht schnell genug erklärt, daß auch für ihn die Herstellung eines Konsenses oberste Priorität hat, dann kann es sein, daß man ihm stillschweigend die gegenteilige Meinung unterschiebt.

Neben der Konstruktion eines fiktiven Standpunkts sind Übertreibungen, Vereinfachungen, Verallgemeinerungen, das Weglassen von Einschränkungen und Nuancen weitere Beispiele für die Strohmanntaktik. Eine Klage, die man in diesem Zusammenhang oft hört, ist, daß eine Äußerung aus dem Kontext gerissen wurde. Das kann selbst dann passieren, wenn jemand wörtlich zitiert wird. Die isolierte Äußerung kann Implikationen haben, die im Gesamtzusammenhang nicht aufgetreten wären. Betrachten Sie zur Illustration folgenden Fall:

Beispiel

Hubert, ein bekannter Schauspieler, wird zu dem Gerücht befragt, er und seine Filmpartnerin hätten ein Verhältnis: „Sicher wäre die Vorstellung einer Affäre mit Nadja einfach ein Traum für viele Männer. Aber ich kann Ihnen versichern: Es gibt keine private Beziehung zwischen mir und Nadja."

Am nächsten Tag steht in der Zeitung: „Hubert: ‚Affäre mit Nadja einfach ein Traum.'"

Eine Meinung kann man leicht dadurch verallgemeinern und verfälschen, daß man qualifizierende Ausdrücke wie „einige" oder „ein paar" oder „manchmal" wegläßt, um den Eindruck zu erwecken, der Standpunkt beziehe sich auf „alle" „immer".

Ein Beispiel dafür liefert der nächste Fall:

Beispiel

Klaus: „Es kann manchmal sinnvoll sein, auch ein bißchen autoritär zu werden, gerade als Führungskraft, wenn es um wichtige Entscheidungen geht."

Lena: „Es gibt jetzt doch viele neue Erkenntnisse zum Thema Führungsstil. Ich verstehe nicht, wie du für einen autoritären Führungsstil eintreten kannst."

Für Lena ist die verallgemeinerte These natürlich viel leichter angreifbar, als die abgeschwächte These. Viele Gesprächspartner neigen daher dazu, die Standpunkte des anderen oberflächlich und undifferenziert darzustellen, um schließlich als Gewinner aus der Diskussion hervorzugehen.

Abwehr

Wenn Ihnen ein fiktiver Standpunkt unterstellt oder Ihre Position verzerrt wird, sollten Sie sofort einhaken und darauf drängen, daß dies nicht Ihre Meinung widerspiegelt. Wenn Sie nämlich zu viel Zeit verstreichen lassen, kann es sein, daß sich niemand mehr an die ursprüngliche These erinnert. In der Zwischenzeit hat der Manipulator bereits gepunktet.

Beispiel

Paula: „Wichtig wäre aus meiner Sicht, daß wir stärker in Entscheidungsprozesse einbezogen werden und nicht einfach vor vollendete Tatsachen gestellt werden."

Rita, Paulas Vorgesetzte: „Wenn ich Sie bei jeder anstehenden Entscheidung fragen würde, was Sie tun würden, können Sie sich vorstellen, wohin uns das führt?"

Paula: „Mir geht es natürlich nicht darum, bei jeder anstehenden Entscheidung mitzusprechen. Mir geht es darum, daß wir einen Modus finden, wie wir bei strategisch wichtigen Entscheidungen einbezogen werden könnten. Das heißt möglicherweise nur, daß Sie uns um unsere Meinung fragen ..."

Paula macht sofort deutlich, daß Rita in ihrer Antwort Paulas ursprüngliche Position nicht richtig dargestellt hat.

Der Trivialitätstrick

Ein Spezialfall der Strohmanntaktik ist die Taktik des trivialen Einwands. Dabei bringt der Manipulator einen Einwand, der nur Randaspekte eines Themas, eines Vorschlags oder Arguments betrifft.

Beispiel

Sven: „Ich bin dagegen, daß wir umziehen. Wir müßten dann ja so vielen Leuten unsere neue Adresse mitteilen!"

Kennzeichen des trivialen Einwands ist, daß er zwar richtig zielt, aber nicht auf den Kern der Sache, sondern nur auf einen Nebenaspekt, der in der Diskussion vernachlässigt werden kann. Triviale Einwände werden entweder aus bloßer Angst vor Veränderungen vorgebracht oder als Taktik, wenn man keine echten Argumente vorbringen kann. Manchmal wird mit dieser Taktik versucht, den Gesprächspartner irrezuführen, ihn zu provozieren oder zu zermürben.

Was steckt wohl bei Rosi und Richard dahinter?

Beispiele

Rosi: „Ich finde es nicht richtig, daß unsere Abteilungen zusammengelegt werden. Da habe ich wahrscheinlich einen ganz anderen Arbeitsplatz und andere Tischnachbarn, die ich nicht so gut kenne."

Richard: „Mein Anwalt hat mir empfohlen, mich mit meinem Nachbarn gütlich zu einigen. Ich sehe das überhaupt nicht ein. Am Ende habe ich den noch beim Abendessen bei mir. Nein, ich will mit dem nichts zu tun haben. Das muß über das Gericht geregelt werden."

Abwehr

Bügeln Sie die Einwände nicht einfach nieder: Bleiben Sie Lady oder Gentleman. Es könnte sein, daß Ihr Gesprächspartner seine Einwände tatsächlich für relevant hält. Wenn Sie gereizt reagieren, wird Ihr Gesprächspartner sich nicht ernstgenommen fühlen und die Gefahr einer Konfrontation entsteht. Versuchen Sie, den Einwand wie eine Frage zu verstehen, die Sie ruhig und sachlich beantworten. Oder machen Sie darauf aufmerksam, daß der Einwand zwar in bestimmten Situationen ein sinnvoller Aspekt sein kann, aber nicht den zentralen Punkt Ihrer Position trifft. Manchmal ist es geschickt, dem Einwand mit einer Frage zu begegnen. Auf diese Weise geht Andreas im folgenden Beispiel vor:

Beispiel

Andreas erklärt, daß es in einem Konfliktfall wichtig ist, herauszufinden, wo die Kerninteressen der beteiligten Parteien liegen.

Martha erwidert: „Aber was ist, wenn jetzt eine Partei gar nicht zum Gesprächstermin erscheint?"

Andreas erklärt: „Sicher besteht die Möglichkeit, daß ein Gesprächspartner nicht auftaucht. Welchen Zusammenhang sehen Sie da zu unserem Punkt, daß für die Lösung des Konflikts die Kerninteressen herausgearbeitet werden sollten?"

Durch seine Frage versucht Andreas Martha zum Nachdenken anzuregen. Wahrscheinlich erkennt Sie von allein, daß der Kern der Sache durch ihren Einwand nicht getroffen wird.

Der Zirkelschluß

Bei einem Zirkelschluß dreht sich der Manipulator im Kreis. Er begründet seinen Standpunkt mit genau diesem Standpunkt oder mit einer Formulierungsvariante davon. Betrachten Sie zum Beispiel folgenden Dialog:

Beispiel

Ines: „Es ging mir überhaupt nicht darum, Sie in irgendeiner Weise zu beleidigen und die Vereinbarung zu untergraben."
Klaus: „Ich bin mir nicht mehr sicher, ob ich Ihnen noch vertrauen kann."
Ines: „Das stimmt, was ich Ihnen sage. Sie können Frau Schulze fragen."
Klaus: „Woher soll ich wissen, daß Frau Schulze nicht mit Ihnen gemeinsame Sache macht."
Ines: „Das tut Sie bestimmt nicht. Das garantiere ich Ihnen."

Ob diese Garantie Klaus befriedigen wird? Klaus soll Ines vertrauen, weil Frau Schulze bestätigen kann, was sie sagt. Und Klaus kann der Aussage von Frau Schulze vertrauen, weil Ines die Vertrauenswürdigkeit von Frau Schulze garantiert. Ein schöner Zirkel.

Zirkelschlüsse werden meist unabsichtlich gebraucht. Der Manipulator merkt nicht, daß er seinen Standpunkt durch eine inhaltlich identische Aussage zu begründen versucht. Häufig greift der Manipulator zum Zirkelschluß, weil er sonst keine Argumente weiß. So in den folgenden Dialogen:

Beispiele

Hermann: „Unser Marketing sollte viel aggressiver sein."
Otto: „Warum denn?"
Hermann: „Ich finde, es sollte einfach nicht so schwach und harmlos sein wie im Moment."

Sohn: „Ich überlege, aus der Kirche auszutreten."
Mutter: „Das halte ich für keinen guten Schritt."
Sohn: „Warum denn?"
Mutter: „Ich finde das einfach nicht richtig."
Sohn: „Ja, aber warum?"
Mutter: „Nein, es ist einfach nicht gut, aus der Kirche auszutreten."

In beiden Fällen wird uns keine echte Argumentation geliefert. Die einzelnen Standpunkte werden durch sich selbst begründet.

Oft fällt der Zirkelschluß gar nicht auf. Er wirkt überzeugend, weil er einen einschärfenden Charakter hat. Uns wird die Behauptung quasi eingebleut. Hat die Behauptung gute Chancen, vom Gesprächspartner akzeptiert zu werden, weil sie ihm angenehm oder sympathisch ist, dann kann es sein, daß der Zirkelschluß erfolgreich ist. Denn der Gesprächspartner wird das Argument nicht so genau prüfen, wenn er ohnehin schon in die Richtung der vom Manipulator vertretenen Behauptung tendiert.

Ein Zirkelschluß kann dadurch getarnt sein, daß die Begründung, die die Behauptung stützen soll, mit anderen Worten formuliert ist, obwohl sie inhaltlich dasselbe aussagt.

Richards Argument funktioniert nach diesem Muster:

Beispiel

Richard: „Die Gerechtigkeit verlangt, daß alle die gleiche Steuerlast tragen. Denn es ist ein Gebot der Fairneß, daß alle Bevölkerungsgruppen zu gleichen Teilen Steuerbeiträge leisten."

Begründung und Behauptung sind identisch, das Argument dreht sich dadurch im Kreis. Aber es fällt nicht unbedingt gleich auf, da unterschiedliche Worte benutzt wurden, um den Standpunkt auszudrücken.

Abwehr

Bei einem Zirkelschluß sollten Sie auf den Fehler aufmerksam machen. Wiederholen Sie die Behauptung, die der Manipulator aufgestellt hat, und die Gründe, die er genannt hat, um die Behauptung zu stützen. Dann wird deutlich, daß sich Ihr Gesprächspartner bei seiner vermeintlichen Argumentation im Kreis gedreht hat.

Der Mengentrick

Wenn viele Menschen hinter einem stehen, ist das nicht selten ein wichtiger Machtfaktor. Die Macht der Menge aber ist irrelevant, wenn es um das Argumentieren geht. Denn nur weil viele Menschen etwas glauben oder befürworten, muß ein Standpunkt noch lange nicht richtig sein. Diese Art der Argumentation heißt Zahlenargument.

Beispiel

Kuno zu seinem Kollegen: „Natürlich war die deutsche Einheit sinnvoll. 60 Millionen Deutsche können sich doch nicht irren."

Es ist ein Fehler anzunehmen, daß eine Meinung berechtigt ist, nur weil viele Menschen diese Meinung vertreten. Aber der Mengentrick funktioniert oft sehr gut. Denn nur wenigen fällt es leicht, sich gegen eine Mehrheitsmeinung zu stellen.

Beispiel

Rainer: „Nathalie, ich verstehe ehrlich gesagt nicht, warum Sie so auf Ihrer Meinung beharren und unbedingt selbst einen Blick in die Unterlagen werfen wollen. Alle anderen in Ihrem Haus haben akzeptiert, daß es Experten dafür gibt, die besser beurteilen können, wie gut die Verträge sind."

Wenn Nathalie nun trotzdem darauf besteht, die Unterlagen einzusehen, dann stellt sie sich gegen eine unsichtbare Mehrheit.

Abwehr

Weisen Sie darauf hin, daß die Anzahl der Anhänger nicht die Richtigkeit eines Standpunkts verbürgt.

Beispiel

Nathalie zu Rainer: „Es mag sein, daß alle anderen, dies so akzeptiert haben. Mir ist es wichtig, selbst einen Blick in die Unterlagen zu werfen."

So leicht ist Nathalie nicht zu erschüttern.

Die Perspektivefalle

Wenn wir Entscheidungen vorbereiten, sollten wir uns sehr genau damit beschäftigen, welche Argumente dafür sprechen und welche dagegen. Dann müssen wir abwägen, welche Seite schwerer wiegt und welche Seite die besseren Argumente hat. Wer einer solchen Pro-und-Contra-Argumentation aus dem Weg geht, begeht den Fehler der einseitigen Perspektive.

Beispiel

Agnes: „Ich halte nichts davon, sich selbständig zu machen. Die Gefahren sind viel zu groß. Du mußt viel zu viel arbeiten, hast keine Freizeit mehr. Du bist abhängig von den Banken, die Dein Unternehmen finanzieren. Du kannst Dich nicht um Deine Familie kümmern."

Der Fehlschluß der einseitigen Perspektive kann sowohl von der Vorteilsseite her geschehen als auch von der Nachteilsseite. Eine objektive Abwägung wird in jedem Fall vermieden. Wenn relevantes Material ignoriert wird, dann lassen wir uns dadurch zu schnell auf eine Seite der Entscheidung ziehen. In unserer eigenen Argumentation sollten wir darauf achten, ob wir wirklich vorurteilsfrei alle Perspektiven geprüft haben. Wir betrügen uns selbst, wenn wir bloß die eine Seite der Medaille in Augenschein nehmen, nur weil sie am stärksten unseren Wünschen entspricht.

Es gibt eine sehr raffinierte Variante der Perspektivefalle, die der Manipulator für uns aufstellen kann. Sie funktioniert auf folgende Weise: Angenommen, der Manipulator will für die positive Seite einer Entscheidung argumentieren. Dann nennt er zuerst einen ganz marginalen Nachteil, sozusagen das Zugeständnis an die andere Seite (er täuscht eine objektive Vor- und Nachteilsabwägung vor) und startet dann mit der Aufzählung der positiven Aspekte, die natürlich die negativen übertrumpfen.

Beispiel

Bei der Logo GmbH geht es um die Frage, ob man ein neues Produkt herstellen sollte, obwohl man bisher keinerlei Erfahrung mit der Produktion dieses oder eines ähnlichen Produkts hat. Rudi favorisiert die Idee der Produktion. Er argumentiert: „Natürlich würde die Herstellung dieses neuen Produkts bedeuten, daß unsere Mitarbeiter eingearbeitet werden müßten, aber dem stehen die Vorteile entgegen, daß wir uns ein ganz neues Marktsegment erschließen können, ein Marktsegment, das ein ungeheures Wachstumspotential aufweist."

Daß die Mitarbeiter eingearbeitet werden müßten, wenn man das fragliche Produkt herstellen will, ist nur ein Randaspekt der Nachteilsseite. Es dürfte schwerwiegendere Gründe geben, die gegen eine Produktion sprechen, über die Rudi aber geschickt hinweggeht.

Abwehr

Bitten Sie den Manipulator um eine Darstellung der anderen Seite oder stellen Sie kritische Fragen, durch die Sie deutlich machen, daß man die Sache nicht nur einseitig betrachten darf.

Beispiel

Auf die oben genannte Tirade von Agnes gegen das Selbständigmachen antwortet Hans: „Klar hast Du recht. Das können wirklich alles Nachteile sein. Aber welche Vorteile würden sich denn ergeben?"

Der definitorische Rückzug

Es gibt einige Verteidigungstaktiken, mit denen der Manipulator versuchen wird, seine Position zu retten, wenn er sie in Gefahr sieht. Eine übliche Form ist der definitorische Rückzug.

Bei einem definitorischen Rückzug ändert der Manipulator die Bedeutung der Wörter, wenn ein Einwand gegen seine ursprüngliche Formulierung vorgebracht wird.

Beispiel

Susanne: „Was ich gerade gesagt habe, war natürlich nicht als Kritikpunkt an Ihrem Vorschlag gemeint. Es war eher eine Einladung zu einem neuen Blickwinkel."

Der definitorische Rückzug wird eingeleitet durch Worte wie „Ich meine natürlich ...". Durch einen definitorischen Rückzug versucht man, einen Gesichtsverlust zu vermeiden, wenn man erkannt hat, daß es um die eigene Position ziemlich schlecht steht. Die Taktik geht am ehesten dann unbemerkt durch, wenn die gewählte neue Bedeutung sehr plausibel ist. Es wird für Sie nicht leicht sein nachzuweisen, daß Ihr Gesprächspartner tatsächlich einen definitorischen Rückzug begangen hat. Sie sollten ihn im Verdachtsfall noch einmal einladen, seine Position klar zu formulieren. Die nächsten Versuche eines definitorischen Rückzugs werden ihm dann schon schwerer fallen.

Absicherungstaktik und Sicherheitsleinen

Sich mehrdeutig oder vage ausdrücken

In engem Zusammenhang mit der Rückzugtaktik steht die Absicherungstaktik. Sie leitet oft einen definitorischen Rückzug ein. Dabei benutzt man mit voller Absicht mehrdeutige Begriffe oder vage Ausdrücke. Sollte die eigene Position gefährdet sein, zieht man sich einfach auf eine Bedeutung zurück, die dem Angriff entgeht.

Beispiel

Michael: „Mit offensiver Preispolitik habe ich natürlich nicht gemeint, daß wir in einen Preiskampf mit unseren Wettbewerbern eintreten sollten, sondern nur, daß wir in unserer Preispolitik flexibler sein sollten."

Michael hat in seiner Äußerung gleich wieder eine Sicherung eingebaut, indem er von einer „flexiblen Preispolitik" spricht. Diese Position ist schwer anzugreifen, weil sie kaum einzugrenzen ist. Je nach dem Standpunkt des Gesprächspartners kann eine Bedeutung aus dem vagen Begriffsfeld „flexible Preispolitik" ausgewählt werden.

Die Absicherungstaktik ist ein typisches Manöver des Opportunisten, der sich auf nichts festlegt und sich dann der Meinung anschließt, die den sicheren Gewinn verspricht.

Abwehr

Bitten Sie den Manipulator, seine Position noch einmal genau zu präzisieren.

Sich auf versteckte Einschränkungen zurückziehen

Manchmal versucht der Manipulator, bereits in die Formulierung seines Standpunkts Sicherheitsleinen einzubauen. Eine Möglichkeit haben wir bereits im letzten Abschnitt kennengelernt. Eine weitere Sicherheitsoption sind versteckte Einschränkungen.

Was kann man unter einer versteckten Einschränkung verstehen? Ihr Gesprächspartner hat bei der Formulierung seines Standpunkts eigentlich eine Einschränkung gemacht. Über diese Einschränkung aber geht er im weiteren Verlauf seines Arguments flott hinweg, so daß die Behauptung schließlich einen absoluteren Eindruck macht als sie durch die Einschränkung eigentlich machen dürfte. Dem Zuhörer entgeht dieser Fehler der versteckten Einschränkung. Folgendes Beispiel soll das illustrieren:

Beispiel

Manuela versucht, ihren Vorgesetzten davon zu überzeugen, daß die Aufgaben im Team neu verteilt werden sollten und dazu eine eigene Teamsitzung einberufen werden sollte.

Manuela: „Praktisch alle Teammitglieder sind dafür, daß wir mal eine Besprechung abhalten, in der wir die Sache mit der Aufgabenverteilung zur Sprache bringen. Das haben die Gespräche gezeigt, die ich im Team geführt habe. Ich finde, bei dieser Einmütigkeit sollten wir eine solche Besprechung konkret planen."

Der Ausdruck „praktisch" schränkt die Reichweite von Manuelas Behauptung ein. Sie fährt aber so fort, als wären alle Mitglieder wirklich befragt worden. Diese Ungenauigkeit wird oft aus rein taktischen Gründen angewendet. Wenn das Publikum oder der Zuhörer den Standpunkt nämlich nicht akzeptieren sollte, bleibt dem Argumentierenden die Möglichkeit, sich herauszureden. Manuela könnte ihre ursprüngliche Aussage abstreiten und behaupten, sie habe nur von einer „großen Mehrzahl" gesprochen, die für die Teamsitzung sei. Diese Taktik stellt eine Rückzugsmöglichkeit bereit, sollte der Manipulator in Bedrängnis geraten.

Andere typische Ausdrücke, die einschränkende Wirkung haben, sind:

- im Grunde

- im wesentlichen

- zu einem großen Teil

- unter gewissen Voraussetzungen

- im Prinzip

Solche einschränkenden Formulierungen sind für sich genommen nicht falsch oder inkorrekt. Es entsteht aber ein Argumentationsfehler oder ein Fehler in der Präsentation des eigenen Standpunkts, wenn man eine eingeschränkte Behauptung als absolute Behauptung darstellt.

Versteckte Einschränkungen werden oft und gern dann benutzt, wenn es keine definitiven Belege für einen behaupteten Zusammenhang gibt und eine Begründungslücke klafft. Obwohl also nur eine schwache Behauptung möglich ist, wird sie im Laufe der Diskussion zu einer starken Behauptung. Die Gefahr, aus schwachen Behauptungen starke zu machen, besteht vor allem da, wo es um die Beschreibung menschlichen Verhaltens geht und psychologische Erklärungen geliefert werden. Denn die meisten psychologischen Tatsachen und Zusammenhänge lassen nur sehr schwache Behauptungen zu.

Beispiel

Harald erläutert seine psychologische Theorie: „Jeder Mensch gehört zu einem bestimmten Typ. Mancher reagiert mehr auf visuelle Reize, mancher mehr auf auditive Reize. Wenn jemand zu Ihnen sagt: ‚Das möchte ich mir gern näher ansehen‘, dann ist er gewöhnlich ein visueller Typ. Jetzt müssen Sie eine Sprache benutzen, die ihn als Augenmensch anspricht und ihm visuelle Reize bieten."

Auf der einen Seite stellt Harald eine sehr starke Behauptung auf, er betont, jeder Mensch gehöre zu einem bestimmten Typ; auf der anderen Seite benutzt er sehr vorsichtige Formulierungen, die diesen Standpunkt einschränken. Er spricht davon, daß mancher mehr auf visuelle Reize reagiert und mancher mehr auf auditive Reize. Zeigt das, daß jeder Mensch zu einem gewissen Typus gehört?

Abwehr

Achten Sie darauf, ob der Manipulator einschränkende Formulierungen benutzt, die später insgeheim gestrichen werden, so daß die anfänglich schwache Behauptung zu einer starken Behauptung heraufgestuft wird. Fragen Sie den Manipulator, was genau seine Behauptung ist. Fordern Sie ihn also zu einer Präzisierung seines Standpunkts auf.

Beispiel

Ludwig reagiert auf Haralds Theorie.
Ludwig: „Wie ist das genau zu verstehen? Heißt das, daß jeder Mensch einem bestimmten Typus zuzuordnen ist, oder heißt es, daß manche Menschen sich einem bestimmten Typus zuordnen lassen?"
Ludwig bittet Harald also, seine eigentliche These zu präzisieren.

Stichwortverzeichnis